세상을 컨설팅하다

세상을 컨설팅하다

발행 2023년 4월 17일

지 은 이	김용수·신경민
기 획	박현자
펴 낸 이	김주연
북디렉팅	엄재근
기획편집	그린팰스
디 자 인	M.S.G.
펴 낸 곳	지식플랫폼
주 소	서울시 구로구 경인로 662 디큐브시티 15층 1512호
등록번호	제 25100-2017-000051호
이 메 일	bookplatform@naver.com
팩스번호	0507-489-4370

값 16,000원
ISBN 979-11-88910-76-2 (13320)

이 책은 저작권법에 의하여 보호를 받는 저작물이므로 무단 전재와 무단 복제를 금합니다.
잘못된 책은 구입하신 서점에서 바꾸어 드립니다.

경영지도사 컨설팅 입문

세상을 컨설팅하다

김용수·신경민 지음

MANAGEMENT
경험을 재생산할 수 있는 도전 방법을 알려주는 책
CONSULTING

한국경영
기술지도사회
추천

한국
융합경영학회
추천

한국
성품협회
추천

지식플랫폼

추천사 I

　한국경영기술지도사회는 더 나은 '일하는 법'과 더 나은 '매니지먼트' 혁신에 대해 고민하는 사람들이 모인 전문가 집단입니다. 경영·기술지도사의 현재와 미래를 한 문장으로 표현해달라는 분이 계셨습니다. 당시 저는 이렇게 답을 했습니다. "경영·기술지도사의 현재는 신뢰와 긍정적인 피드백이다. 경영·기술지도사의 미래는 사람이나 환경이 변해도 기업이 성장할 수 있도록 만들어주는 능력이다."라고요. 이렇듯 컨설팅을 업으로 삼는다는 것은 가치가 빛나는 일이기도 하지만, 부단히 자기 공부를 해야 하는 일이라는 것도 곁들여 말하고 싶습니다.

　첫 자격증을 받아든 신입 지도사와 기업에 컨설팅을 나가는 경영·기술지도사에게 저는 이렇게 주문합니다. "당당한 자세는 더하되, 자만과 교만은 빼라."고 말입니다. 컨설팅 의뢰기업을 대할 때의 기본자세와 마인드를 강조하는 것입니다.

　우리는 태어나면서 삶을 마감할 때까지 적지 않은 사람들과 도움을 주고받지만, 내가 필요할 때 적절한 도움을 받는 것은 그리 쉬운 일이 아닙니다. 경영 컨설팅은 구조적인 솔루션을 제공하는 업이기 때문에 중간중간 심적·육체적 고비가 올 수 있는데, 이때 흔들리는 나를 바로잡아줄 수 있는 것은 경영·기술지도사 업(業)에 처음 진입할 때 가졌던 마음가짐과 태도입니다.

경영지도, 경영 컨설팅이란 단어가 멋있게 느껴지나요? 경영지도사는 누군가에게는 한없이 멋있고 동경의 직업이지만, 누군가에는 치열한 하루하루의 생활수단이기도 합니다. 재미있게 일할 때도 있지만 서러울 때도 있고 힘에 부칠 때도 많습니다. 피해서 해결된다면 피하겠지만 대부분은 끊임없이 공부하고 단련하여 문제를 극복하는 과정을 거쳐야 성장할 수 있습니다. 이럴 때도 역시 마음가짐과 태도가 중요합니다.

갓 시험에 합격하여 컨설팅 시장에 발을 들여놓는 경영·기술지도사는 의욕은 넘치지만 기본자세는 성숙하지 못하거나, 자신감은 넘치지만 실전경험이 부족하거나, 혼자 일하는 것에는 능숙하지만 남과 같이 협업하는 것에는 미비한 등등 부족한 부분이 조금씩 있을 것입니다. 부족한 부분 중 제일 으뜸은 경영지도사 업에 대한 바른 이해와 바른 마음가짐입니다. 테크닉적인 부분은 따라 하고 흉내 낼 수 있어도, 이처럼 무형적인 본질은 체화하기도 어렵습니다.

동행자를 원하시나요? 동반자를 원하시나요? 경영지도라는 여정을 걷다 보면 많은 동행자를 만나게 됩니다. 그러나 단순하게 동행자가 많기만 한 것은 큰 도움이 안 됩니다. 우리에게는 동행자가 아닌 동반자가 필요합니다. 100명의 동행자보다 1명의 동반자를 만나야만 서로 성장하게 됩니다. 조금 더 겸손해지고 계속 지식을 쌓아가다 보면 내 주변에 동반자가 계속 생기게 될 것입니다.

이 책은 경영 컨설팅의 기법에 대해 깊숙이 기술한 책은 아니지만, 경영·기술지도사에 대해 탐구하고 경영·기술지도사로서 초기 걸음마를 떼어가는 과정이 진솔하게 쓰여 있습니다.

이 책에 추천서를 쓰게 된 계기는 다음 두 가지입니다. 첫째, 좋은 경영지도사는 어떤 모습일까에 대한 저자의 고민을 꾸밈없이 기록했기에, 시작 단계에 있는 경영·기술지도사에게 좋은 입문서가 될 것입니다. 둘째, 경험을 재생산할 수 있는 도전방법을 알려줍니다. 경영·기술지도사는 연륜이 쌓일수록 좋은 성과를 낼 확률이 높은 직업입니다. 나이 듦과 더불어 쌓여가는 지식을 활용할 수 있는 경영지도사라는 직업이, 어떻게 직장에서의 경험을 사장하지 않고 높은 부가가치로 재생산할 수 있는지 그 길을 알려주기 때문입니다.

경영지도 시장에는 일정 수준으로 오른 수많은 컨설턴트들이 계십니다. 겉보기에는 나와 비슷해 보여도 그분들은 신입 참여자는 겪어보지 못한 미묘한 경험과 지식을 가진 분들입니다. 자세히 관찰해야 볼 수 있는데 그 미묘한 차이는 컨설팅 연차나 기법에 기인하기도 하지만, 경영지도사 업을 대하는 마인드와 태도에 따라 각자 다른 깊이로 완성되어왔음을 알아야 합니다.

한국경영기술지도사회 회장을 맡은 지금도 어려움을 겪고 있는 기업 대표가 좋은 경영·기술지도사를 만나서 좋은 컨설팅 결과를 얻었다는 이야기를 듣는 것은 매번 들어도 지루하지 않고 아직도 가슴을 뛰게 만듭니다. 중소기업이 큰 비중을 차지하는 대한민국에서 중소기업 대표와 소상공인에게 큰 도움을 줄 수 있는 경영·기술지도사의 역할은 시간이 흐를수록 더욱 값지게 될 것입니다.

경영·기술지도사의 건승을 기원합니다.

한국경영기술지도사회 회장 김오연

추천사 2

 돌이켜보면 2000년에 사업을 시작하면서부터 내 뜻대로 사업이 굴러갔던 적은 단 한 차례도 없었다. 시간과 열정을 쏟아부었던 개성공단이 2016년에 폐쇄되면서 사업의 위기를 맞기도 했고, 새로운 돌파구를 찾아 2016년 베트남에 진출하면서 경영전략을 다시 짜기도 해야 했다.
 사업이 잘될 때는 내가 잘해서라고 자신한 적도 있고, 사업이 난항을 겪을 때는 내가 무엇을 놓쳤을까 많이 고민했다. 하지만 내부인이라는 입장에서 자유롭지 않다 보니 '이거는 이래서 안 돼, 저건 저래서 안 돼. 이건 큰 문제가 아닐 거야.'라는 식으로 냉정한 결론과 해법을 내지 못하는 일이 종종 발생했다. 규모는 작지만 경영자가 되면서부터 매년 겪는 목표미달이나 매출부침은 말할 것도 없고, 정작 내가 뽑은 직원들이 내 뜻대로 움직이지 않을 때는 좌절도 많이 했다.
 2020년은 최악의 해였다. 매출은 하락했고, 원가구조는 개선되지 못했으며, 회사의 외형이 줄어들면서 나름 탄탄했다고 생각했던 내부조직의 운영이 흔들리기 시작했다. 포기해야 하는 오더가 나왔고, 혹독한 비용절감을 감내해야 했으며, 가족 같았던 직원들이 회사를 떠나기도 했다.
 그런 시련을 겪으면서도 나는 아직 사업을 운영하고, 인원을 다시 충원하여 재도전에 나서고 있다. 고비가 올 때마다 외부인력에 도움을 받곤 했는데, 그중에는 나보다 오랫동안 회사를 운영하는 업계 선배도 있었고, 커다란 컨설팅 회사에서 일하다가 독립하여 컨설팅 사업을 하는 개인 컨설턴트도 있었다.

내 사업아이템만 본다면 그들은 분명 나의 지식에 미치지 못하지만, 사업 전체를 보는 힘과 문제를 파악하고 개선점을 만들어내는 그들의 능력은 회사의 내부인력이 흉내 낼 수 없는 것이었다. '컨설턴트'로 불렸던 그 사람들은 내 회사와 제품력에 대해 어떻게 마케팅하면 좋을지, 현재 사업아이템을 어떻게 하면 확장할 수 있을지 안내해주었다.

지금까지 사업을 이끌어올 수 있었던 것은 나의 노력과 실력이 대부분이었다고 자부하지만, 사업이 어찌 혼자만의 노력으로 되겠는가? 시간이 갈수록 어떤 게 운이었고 어떤 게 실력이었는지 불명확할 때가 많지만, 사업체를 꾸준히 운영할 수 있는 행운은 노력한 사람에게 온다고 생각한다. 아무 노력도 안 한 사람에게도 한 번의 운은 찾아올 수 있다. 하지만 그 운이 여러 해 동안 온다고 한다면, 그건 분명 노력이 바탕이 되었을 것이며 그 운 중에서도 내가 으뜸으로 치는 운이 어려울 때 좋은 사람을 만나는 것이다.

직장생활도 해보고 사업가의 길도 걷다 보니 돈과 직결된 분야에는 3종류의 사람이 모인다는 것을 알게 되었다. 똑똑한 사람, 경험 많은 사람, 남을 속이는 사람. 그중에서 제일 넘쳐나는 사람이 남을 속이는 사람이다. 그래서 나는 어려울 때 좋은 사람을 만나는 것이 으뜸가는 복이라고 생각한다. 나와 같은 소기업, 중소기업 입장에서는 경영지도사가 제일 많이 접할 수 있는 컨설턴트일 것이다. 똑똑한 사람도 좋고 경험 많은 사람도 좋지만, 기업을 대할 때 돈으로 바라보기보다는 살아있고 성장해야 하는 인격체로 바라보는 경영지도사를 만나고 싶다.

이 책은 그런 컨설턴트가 되고자 하는 사람들이 읽었으면 좋겠다. 그리고 경영지도사로 출발하는 사람에게는 좋은 길잡이가 되어줄 것이라고 생각한다. 대한민국의 모든 중소기업이 오랜 시간 동안 성장할 수 있기를 기원한다.

㈜드림에프 대표 전기경

목차

추천사 1 / 4

추천사 2 / 7

프롤로그 / 14

Chapter 1. 경영지도사에 대한 꿈과 도전　　　　　　　　19

1장　경영지도사에 대한 꿈 / 21

　1. 경영지도사가 뭐지? / 21

　2. 경영지도사 수험기와 꿈 / 23

　3. 대한민국에서 경영지도사가 필요한 이유 / 27

　4. 내가 경영지도사를 공부한 이유 / 29

　5. 경영지도사의 마인드 경영 / 32

2장　경영지도사 업(業)의 고민과 도전 / 35

　1. 경영지도사를 꿈꾸는 후배 기수들에게 / 35

　2. 경영 컨설팅과 관련된 사회적 인식 / 37

　3. 경영지도사 업(業)의 도전 / 40

　4. 직장생활의 묵은 때 / 46

　5. 이 사람이 나를 도와줄까? / 48

Chapter 2. 좋은 경영지도사로 성장하기 49

3장 좋은 경영지도사로 성장하기 1 / 51

1. 경영지도사 합격 전후의 변화 / 51
2. 컨설팅 기초역량 키우기 / 56
3. 생각의 크기를 키우는 두 가지 방법 / 61

4장 좋은 경영지도사로 성장하기 2 / 63

1. 소기업, 소상공인의 현안과 극복방안 / 63
2. 컨설팅 기업의 장점 살리기 / 69
3. 컨설팅 시장 예측 / 72
4. 경영지도사의 자산과 비용 / 78

5장 좋은 경영지도사로 성장하기 3 / 83

1. 경영 컨설팅의 첫 시작과 범위 압축 / 83
2. 경영 컨설팅 상담 / 86
3. 경영 컨설팅 과정에서의 성장통 / 91

Chapter 3. 무조건 해보는 경영 컨설팅 실전   95

6장   경영 컨설팅 실전 1 / 97

    1. 좋은 결과물을 내기 위한 조건 / 97

    2. 회사(제품) 홍보 방법 예시 / 100

    3. 소셜미디어 홍보전략과 마케팅의 정답 / 103

    4. 사업계획서와 컨설팅보고서 / 109

7장   경영 컨설팅 실전 2 / 111

    1. 자격증으로 무엇을 할 수 있지? _ 취업과 이직 / 111

    2. 자격증으로 무엇을 할 수 있지? _ 전업(창업) / 116

    3. 수진기업 방문 전에 뭘 해야 하지? / 117

    4. 공신력 있는 5개 사이트 / 119

8장   경영 컨설팅 실전 3 / 124

    1. 무조건 해보는 경영 컨설팅 / 124

    2. 무조건 해보는 멘토·멘티 / 133

    3. 무조건 해보는 사업계획서 컨설팅 / 136

Chapter 4. 경영지도사의 자세와 미래　　　　　　　　　　　　139

9장　경영지도사의 자세 / 141

　　1. 경영지도사의 10가지 자세 / 141

　　2. 설레지만 어려운 단어 '시작' / 154

10장　경영지도사의 미래 / 156

　　1. 직장인의 모습과 책임의 무게감 / 156

　　2. 컨설팅 시장으로의 접근 / 159

　　3. 컨설팅 시장의 변화 / 161

　　4. 경영지도사 창업(전업) / 165

11장　경영지도사로 독립하기 / 171

　　1. 신입 경영지도사의 고민 _ 겸업과 전업의 선택 / 171

　　2. 본업을 유지하면서 경영지도사 경력 쌓기 / 175

　　3. 먹고살 수 있을까? / 181

12장　경영지도사와 관련된 궁금증 / 185

에필로그 / 210

부록_합격 수기 / 219

프롤로그

수많은 국가자격증 중에서 경영지도사 자격증을 선택한 이유를 설명합니다. 시험에 합격 후 어떤 고민을 했고, 어떤 계획을 세웠으며, 어떤 경험을 했는지를 기록했습니다. 이 책 한 권이 경영지도사에 뜻을 둔 사람들의 고민에 대한 만능 해답서가 되지는 못할 것입니다. 다만 저와 유사한 고민을 하셨던 분께 조금이라도 도움이 되길 기대합니다.

경영지도사 시험준비를 하면서 오랜만에 공부하는 재미와 희열을 느꼈습니다. 하지만 그와 동시에 과연 이 시험공부 끝에 합격 결승선이 있을지 수없이 고민하는 밤을 보냈던 것도 사실입니다.

그동안 회사를 떠나는 선배와 동기들을 자주 보았습니다. 당시에는 그들을 이해하기 어려웠으나 이제는 저도 압니다. 현재의 안락함과 익숙함보다 더 값진 것, 지속가능한 가치를 찾아 나서는 그 용기를요.

경영지도사를 꿈꾸는 분들과 이제 막 자격증을 획득하신 분들의 용기와 도전에 힘찬 응원을 보냅니다.

어느 정도 회사생활을 한 사람들이라면 한두 번씩은 경험했을 것입니다. '저분 진짜 머리 좋은데…', '저 차장님 실력 진짜 좋은데….'라고 생각했던 동료들이 생각지도 못한 시점에 스스로 직장을 떠나는 모습을요. 저는 지금도 기억나는 두 사람이 있습니다. 인사팀에서 실력을 인정받던

분이 덜컥 사직하더니, 한의사 시험에 합격했습니다. 또 한 분은 핵심부서의 인재였는데, 변리사 자격증을 따겠다고 퇴사했습니다. 두 사람 모두 회사의 핵심부서에서 인정받던 에이스였기에 당시 상당히 의아해했던 기억이 있습니다.

미래가치와 새로운 도전을 위해 회사가 주던 안락함을 스스로 내려놓는다는 그 결정을, 그 당시에는 이해하지 못했습니다. 지금은 알겠습니다. 편안함보다는 도전을 선택한 그 용기를요! "인생은 타임 어택"이라는 말이 있습니다. 그들은 그때가 적기라고 생각했을 겁니다.

우리는 자라나는 아이들에게 이런 이야기를 합니다. "대학 간판을 보고 들어가는 시대는 이미 지났다. 개인의 재능에 맞는 진로를 찾아야 한다."라고요. 그러나 정작 기성세대 대부분은 자신이 무엇을 좋아하는지 모르고 회사에 입사하고, 무엇을 잘하는지 모른 채 회사에서 주어진 업무를 하게 됩니다.

이렇게 시작한 직장은 생계수단을 위한 장소일 뿐이지 나의 적성을 찾는 장소가 아닙니다. 이렇게 한 해, 두 해가 지나가면 내 평생직업을 찾을 수 있는 기회는 점점 멀어지게 됩니다.

내가 좋아하는 일을 하면서 돈도 버는 인생을 준비하면 좋겠습니다. 법적 정년을 넘어서도 일하고 싶거나 일해야 한다면, 정년 이후의 삶을 미리 준비했으면 합니다. 준비를 하겠다고 마음먹는 것 자체도 절대 쉬운 결정은 아닐 겁니다.

살다 보면 어려운 결정을 해야 할 때가 있습니다. 스스로 질문하고 답을 구하다 못해 친한 지인에게도 조언을 구하지만, 결국 최종 선택은 자신의 몫입니다. 그러나 어떤 결정을 하더라도 후회할 것 같다면 해보고 후회하는 쪽이 최선이라고 생각합니다.

이 책에는 '경영지도사 자격 취득 1년 안에 성공적인 컨설턴트가 되는 비법'이라든가 '여러 기업에서 컨설팅 요구가 빗발치는 경영지도사의 성공스토리'가 들어있지는 않습니다.

이 책에는 이런 내용을 담고 싶었습니다. 저의 경우, 경영지도사를 공부하기 전에는 '이 자격증이 비전이 있을지' 궁금했고, 경영지도사 합격 후에는 '이 자격증으로 뭘 어떻게 시작해야 하는 거지?'라는 의문이 있었습니다.

제 주변에는 "경영지도사는 이런 사람이 준비하면 좋아.", "합격했다고! 축하해, 그럼 이제 이런 걸 해봐.", "첫해에는 이렇게 준비해야 해."라고 알려주는 사람이 없었습니다. 발품과 손품을 팔아 어렵게 수소문해서 알게 된 경영지도사의 수익모델, 수입구조 이야기도 업계 평균적인 이야기인지, 특수한 하나의 사례일 뿐인지 구분하기 어려웠습니다.

그래서 저와 같은 고민과 의문을 가진 예비 경영지도사와 초보 경영지도사를 위해 이 책을 썼습니다. 자격증 취득 후 겪게 되는 여러 심경의 변화, 나에게 맞는 다음 스텝으로 넘어가는 방법, 경영지도사의 비전, 경영 컨설턴트로서 갖추어야 할 자세, 겸업과 전업에 대한 답을 찾아갔습니다. 기본을 착실히 쌓아가는 컨설턴트의 성장스토리를 나누고 싶었습니다.

신문 한쪽을 장식하는 성공한 컨설턴트의 멋진 무용담이 나오지는 않지만, 경영지도사 업에 대한 고민과 그 고민을 풀어가는 과정에서 경험한 느낌을 진솔하게 적었습니다. 선배 경영지도사의 아이디어와 경험담이 예비 경영지도사분들에게 조금이라도 도움이 되었으면 합니다.

이 책을 읽으면 좋겠다고 생각한 사람들입니다.

• 경영컨설턴트에 관심 있는 사람들
• 경영지도사에 관심 있거나 수험준비를 하는 사람들
• 컨설팅 시장 진입이 막막한 초보 지도사들
• 인생 2막을 전문자격증과 함께하려는 사람들
• 직장에서의 지식과 경험을 재생산하고 싶은 사람들

경영지도사에 대해 가졌던 의문과 그 해답을 하나씩 찾아가는 여정을 남기고 싶어서 기록한 지 일 년이 넘어갑니다. 조그만 일상의 기록과 경험담이 비슷한 길을 걸어가려는 분들에게 작은 이정표가 되었으면 합니다. 경영지도사에 대한 자부심은 느끼되, 경영 컨설팅에 대해서는 자만심을 가지지 않겠다는 다짐을 해봅니다.

　이 책은 경영지도사 36기 동기인 김용수 경영지도사와 신경민 경영지도사가 함께 썼습니다. 책 출간을 격려해주신 정장운, 김연웅, 김태오, 윤정희, 엄정철 지도사님에게 감사드리며, 합격수기를 부록에 실을 수 있게 물심양면으로 도와주신 36기 이승준 지도사님께 이 자리를 빌어 감사의 인사를 드립니다.

Chapter 1

경영지도사에 대한 꿈과 도전

세상을 컨설팅하다

MANAGEMENT
CONSULTING

1장 경영지도사에 대한 꿈

2장 경영지도사 업(業)의 고민과 도전

경영지도사에 대한 꿈

1. 경영지도사가 뭐지?

다음은 한국경영기술지도사회에서 제시하는 경영지도사의 정의입니다.

- 「경영지도사 및 기술지도사에 관한 법률」 제2조와 다른 법령 등에 의거하여 중소기업 경영문제에 대한 종합진단(경영 컨설팅)과 기업 경영상의 인사·조직, 노무 및 사무관리, 재무관리 및 회계, 생산, 유통관리·수출입업무 등 마케팅에 대한 진단·지도 자문, 상담, 조사, 분석, 평가, 확인, 대행 등 법적 기능을 수행하는 국가 전문자격사
- 시험은 1, 2차로 나뉘는데, 2차 시험에선 4가지 분야 중 하나를 택하여 응시한다. ① 인적자원관리 ② 마케팅 ③ 생산관리 ④ 재무관리

경영지도사란 한마디로 소상공인, 중소기업의 경영문제점을 진단·컨설팅을 수행하는 국가전문자격사로 생각하면 됩니다. 컨설팅을 통해 해당 기업이 필요로 하는 전문적인 솔루션을 제공하는 것이지요.

경영지도사는 중소벤처기업부에서 주관하는 국가공인 컨설턴트인 만큼 특히 공공기관, 정부기관에서 진행되는 컨설팅 사업, 평가위원 모집 등에 항상 경영지도사가 포함되고 있습니다. 경영지도사와 더불어 기술지도사 역시 한국경영기술지도사회에서 자격인 관리를 하고 있습니다. 기술지도사는 기술사 자격증과 유사한 성격으로 이해하면 됩니다.

> 기술지도사는 「경영지도사 및 기술지도사에 관한 법률」 제2조와 다른 법령 등에 의거하여 중소기업의 기술문제에 대한 종합진단(기술 컨설팅)과 기술경영, 연구개발, 기술고도화의 진단·지도, 정보통신, 시스템 응용, 소프트웨어의 진단·지도 등에 대한 상담, 자문, 조사, 분석, 평가, 확인, 증명 및 업무의 대행 등 법적 기능을 수행하는 국가 전문자격사이다.
>
> 출처 : 한국경영기술지도사회

중소벤처기업부에서 실시하는 지도사 국가자격증은 경영지도사와 기술지도사로 관리되는데 기술지도사에 비해 경영지도사 배출인력이 더 많은 점과 저자 역시 경영지도사인 관계를 고려하여 이 책에서는 경영지도사에 대한 정보와 체험수기를 주로 담았습니다.

2. 경영지도사 수험기와 꿈

"만만치 않다. 아니, 어렵다."

제가 진지하게 경영지도사를 접한 시점은 2018년입니다. 학부 전공은 공학이지만 경영지도사 마케팅 분야를 선택했습니다. 마케팅에 관심도 많았고 회사 재직 시에도 마케팅 업무를 병행했기에 나름 자신 있었기 때문입니다. 꽤 많은 사전지식과 실전경험이 있다는 이유로 시험에 쉽게 접근했지만, 막상 수험생활 한 달 만에 만만치 않은 시험임을 깨닫게 되었습니다. 모의고사 문제마다 넉 줄 이상을 넘기지 못하는 답안지를 작성하면서부터는 '공부를 계속해야 하나? 차라리 지금 그만두어야 손실이 적을까?' 하는 내적 갈등까지 겪었습니다.

시간이 흘러도 교과내용은 암기되지 않고 체력은 떨어지는데, 3년을 내리 공부해도 불합격해 끝내 자격증 시험을 떠나는 이들의 이야기를 들으면서 심각하게 포기를 고민했습니다. 소상공인, 중소기업의 경영진단 및 컨설팅을 수행한다는 점과, 회사를 재직하면서 쌓은 기량을 썩히지 않고 활용할 수 있다는 점에서 경영지도사 자격증에 큰 매력을 느꼈음에도 불구하고 말입니다.

"편안함은 가깝고 목표는 멀다."

사람의 본성은 어려움보다는 편안함을 찾으려 합니다. 누구나 아름다운 결과를 열망합니다. 하지만 사람들 대부분은 시간과 노력이라는 투자 단계를 견디지 못하고 결과를 맞기 전에 그만두는 속편함을 선택합니다. 목표를 이루기 위해 책상에 앉아 1천 시간을 투자하는 과정보다는, 지금 당장 방바닥에 누워 1시간, 2시간 재미있는 유튜브를 보는 것을 선택합니다. 어쩔 수 없습니다. 사람이니까요. 중간에 그만두었다고 '나는 인생의 패배자야.'라고 생각할 필요 없습니다. 사람이니까 그렇습니다. 그런데 최소한 자격증의 세계에서는 이런 편안함과 나태함을 떨쳐내고 책상에 앉아 책을 보는 사람이 승자가 됩니다.

대한민국에는 8대 전문직 자격증이라 불리는 국가자격증이 있습니다. 변호사, 변리사, 회계사, 세무사, 관세사, 건축사, 노무사, 감정평가사가 그것인데, 최근에는 10대 전문직 자격증이라면서 경영지도사와 손해사정사가 포함되기 시작했습니다.

8대 전문직은 제1금융권에서 대출 시 우대되는 전문직들이기 때문에 생겨났다는 이야기가 있습니다. 실제 금융권에서 이 전문직 종사자는 우대금리를 받거나 일반인보다 대출을 많이 받을 수 있습니다. 경영지도사도 현재 각 금융권에서 우대금리 혹은 대출금리 인하 등의 혜택을 받을 수 있습니다.

"1천 시간의 투자, 1만 시간의 가치"

사람들은 보통 목표가 생기면 초반에는 열심히 합니다. 그러다가 점점 의욕과 목표를 상실해갑니다. 과연 이 자격증을 따면 사람들 이야기만큼 밝은 결과가 있는 것인가에 대한 질문도 자꾸 떠오릅니다. 추진력이 떨어지고 집중력은 떨어지니 슬슬 그만두고 싶은 마음이 굴뚝입니다.

이럴 때 사람의 행동은 두 가지로 나뉩니다. 하나는 "어차피 붙어도 그렇게 장래가 밝은 자격증은 아니야. 지금이라도 포기하는 게 시간을 아끼는 거야."라고 합리화하는 경우입니다. 또 다른 하나는 스스로에 대한 실망과 후회를 남기지 않기 위해 끝까지 노력하는 경우입니다.

저 역시 이런 불안과 의심의 시기를 겪다 보니 중간중간 느슨하게 공부한 시기가 있었습니다. 후회하지 않기 위해 한 번만 더 노력해보자고 가까스로 마음을 다지고 끝내 합격하면서 느낀 점이 있습니다. 시간을 갈아 넣어 딴 자격증은 우리의 인생에 엄청나게 큰 변화와 자신감을 준다는 것을 말입니다.

대한민국 10대 자격증 중 하나를 서랍 깊숙이 넣어두는 것은 전문자격증의 가치를 스스로 없애는 행위입니다. 자격증의 가치와 삶의 가치가 동일하지는 않지만, 삶의 가치를 높이는 과정에서 획득한 전문자격증은 인생을 긴 시계열로 살아갈 수 있게 만들어줍니다.

40대에 퇴직하건 50대에 퇴직하건 내가 전문자격증을 가지고 있다는 것은 삶에 큰 힘이 됩니다. 길어진 인생 시계열에 삶의 목표를 만들고자 하는 사람은, 비록 재미없고 지루하기 짝이 없는 공부일지라도 1천 시간을 투자해서 1만 시간의 가치를 끌어냅니다.

"이상과 현실의 차이"

이상과 현실은 차이가 크면 안 됩니다. 경영지도사를 꿈꾸고 컨설턴트의 삶을 그렸던 시점에서의 제 이상은 이러했습니다. 경영지도사라는 멋진 타이틀에 멋진 옷을 차려입고, 다수의 기업이나 소상공인에게 섭외요청이 들어오면 제가 컨설팅할 기업을 선택해 해결책을 척척 제시하는 지식산업의 엘리트 모습이었습니다.

그러나 경영지도사 시험에 합격하고 컨설턴트 시장에 첫발을 내디딘 신입의 현실은 이상과 전혀 달랐습니다. 발품, 손품, 눈품, 귀품을 팔아서 각종 공공기관의 심사위원, 평가위원 모집일정을 조사하고 등록신청을 해야 하며, 그나마 신청한 위원자리도 경쟁이 치열해서 아쉬운 마음에 관련 자격증 하나라도 더 따야 하나 걱정이 많은 게 1년 차 경영지도사의 현실입니다.

하지만 제일 답답한 건 시장진입 방법을 모른다는 것이었습니다. 분명히 실무수습 기간에 시장진입 스토리, 성공무용담을 들었지만, 선배 기수의 방법론에선 제가 처한 환경과 제가 낼 수 있는 속도 등에서 동기화할 수 있는 게 많지 않았습니다. 어떻게 기업을 연결받거나 소개받는 것인지, 기존 컨설턴트들이 자리 잡은 시장에서 나의 재능을 어떻게 어필해야 내가 채택될 수 있는 것인지, 과연 경영지도사 자격증으로 돈을 벌 수 있는 것인지 등등 이런 현실적인 고민을 해결하지 못해 답답함만 쌓이고 현재 자리에 안주하고 싶은 마음만 커졌습니다.

이렇게 이상과 현실의 차이가 커지면, 자기 자신은 물론 가족들도 그 책임과 부담이 전가되어 집 안 구석구석에 무거운 분위기가 배게 됩니다.

3. 대한민국에서 경영지도사가 필요한 이유

경영지도사는 중소상공인, 중소기업의 경영진단 및 경영개선을 목표로 하는 국가자격증입니다. 대한민국 기업의 90퍼센트는 중소기업입니다. 정부 역시 90퍼센트를 차지하는 중소상공인, 중소기업을 키우고 발전시키는 정책을 많이 펼칩니다. 따라서 국가지원을 전제로 하는 많은 사업 분야가 정부지원 제도와 연결됩니다.

이때, 경영지도사가 필요합니다. 대한민국 산업의 대부분을 차지하는 중소기업과 정부지원 사업을 연결해주고, 중소기업의 경영개선을 도맡아 책임지는 자격을 갖췄기 때문입니다.

대한민국 국가정책을 잘 살펴보아야 하는 이유가 여기에 있습니다. 정부는 세금설계를 통해 나라살림 곳간을 채우고 기업지원 제도를 통해 일자리 숫자를 채우려고 하기 때문입니다.

현재 우리는 코로나19라는 펜데믹 시대를 관통하면서, 행복과 자유라는 가치가 과거 어느 때보다도 조망되는 시대를 살고 있습니다. 즉 내가 꿈에 그리던 것을 도전하는 세대가 많아졌다는 이야기입니다. 소자본 창업, 소상공인, 스타트업, IPO 같은 키워드가 일상적인 단어가 되었고 도전하는 시대가 되었습니다. 도전은 설레지만, 처음이기에 두렵기도 합니다. 이때 필요한 것이 적절한 조언과 방향을 제시할 컨설턴트겠죠.

경영지도사가 필요한 하나의 이유가 더 있습니다. 과거처럼 '일단 해 보면 되겠지.'라는 안일한 접근으로는 결국 실패하는 시대가 되었기 때문입니다. 기업 간의 경쟁시대에서 기업과 소자본 창업과의 경쟁시대를 거쳐, 소자본 창업 간의 경쟁시대로 접어들었기 때문입니다.

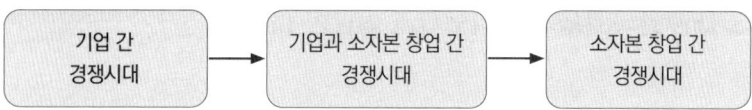

목표설정, 달성방법, 사업방향에 대해 끊임없이 스스로 연구해야 하는데, 자력으로 연구할 시간, 인력, 지식이 부족하다면 경영지도사와 같은 전문가의 도움을 받아 생존과 성장을 해야 하는 시대가 된 것입니다.

4. 내가 경영지도사를 공부한 이유

 전문가라는 칭호를 들으려면 그만큼 지식과 경험이 많아야 합니다. 다행히 한 조직에 오래 몸담고 동일한 업무를 오랫동안 했다면, 해당 조직 내에서 전문가 칭호는 들을 수 있고 그에 걸맞은 대우도 받을 수 있습니다. 그러나 조직을 벗어나 야생으로 나가면, 상황이 달라집니다. 누군가를 뽑는다고 할 때 응시자가 10명이라면 나를 객관적으로 판단하게 할 근거는 경력기술서와 자격증, 이 두 가지뿐입니다. 객관적 지표나 증명서를 요구하는 공공기관에서는 특히 자격증의 유무가 중요할 수밖에 없습니다.

 조직의 울타리를 벗어나 회사 밖 세상에 나오게 되면 알게 됩니다. 내가 다시 어딘가에 소속되고자 할 경우, 자격증이 있고 없고에 따라 이력서를 작성할 때 어떤 차이를 보이는지, 자격증 입력란에 한 줄 써넣을 때마다 자신감의 크기가 얼마나 달라지는지 말입니다. 자격증 입력란이 보통 3~4줄인데, 그중 한 줄도 입력하지 못할 때면 '내가 지금까지 뭘 했지.'라는 자괴감이 밀려옵니다.

 50세 이상의 국가기술자격 취득자 수는 2016년 5만 명에서 2020년 9만 명으로 증가했습니다. 과거에는 퇴직 후 동종업계로 가거나 알음알음 인맥으로 일자리를 찾았다면, 지금은 퇴직 후 제2의 인생 계획을 적극적으로 준비하는 사람들이 크게 늘었습니다. 다른 한편으론 기업들도 새로운 인력을 채용할 때 기본경력 외에도 자격증을 갖춘 사람을 우선 채용한다는 뜻도 됩니다.

 객관적으로 내가 경쟁력이 있음을 보여주기 위해서라도 자격증은 필요합니다. 갈수록 자격증을 요구하는 사회가 될 것이고, 적임자를 찾는 기업과 사회의 기준 또한 올라갈 것입니다.

해마다 경영지도사 시험에 도전하는 예비 컨설턴트들이 2,000명 가까이 됩니다. 저를 포함한 이 2,000명이라는 숫자는 경영지도사의 무엇에 매력을 느껴서 공부에 매진했을까요?

크게 두 가지 이유가 있습니다.

첫째, 그동안 내가 경험한 업무지식, 현장실무 능력을 사장시키지 않고 다시 활용할 수 있다는 점입니다. 기업 출신 경영지도사의 경우, 재직 시 경험한 다양한 업무경험이 변수가 많은 기업의 컨설팅을 할 때 많은 도움이 됩니다. 자기 사업 경험이 있는 경영지도사는 사업을 하면서 터득한 현장감각과 실무지식이 컨설팅할 때 큰 도움이 됩니다. 이렇듯 경영 컨설팅은 내 경험과 암묵지를 가지고 경영 컨설팅이라는 나의 비즈니스를 할 수 있다는 점에서 아주 큰 매력을 지니고 있습니다.

둘째, 경영지도사는 무형자산에 기반한 지식산업입니다. 대부분의 창업은 생산의 3요소를 동반하게 됩니다. 토지(공간), 노동, 자본이라는 생산의 3요소가 투자되면 당연히 손익분기점이 높을 수밖에 없습니다. 하지만 경영지도사는 기계장비와 공장시설이라는 유형자산이 아닌, 지식과 경험이라는 무형자산에 근거하여 비즈니스를 합니다. 그만큼 손익분기점이 낮을 수밖에 없고 무자본 사업에 해당하기 때문에, 리스크는 적으면서도 지역과 시간의 제약을 받지 않고 사업을 할 수 있습니다. 유형자산으로 사업을 하는 것과 비교하면 아주 큰 매력입니다.

복잡한 사업환경과 시장의 기회

우리를 둘러싼 사업환경은 너무나 많은 다양성과 복잡성으로 얽히고 설킨 환경이 되어버렸습니다. 자본과 인적자원이 풍부한 기업은 그래도 해결책을 세우고 대응해나가겠지만, 자본과 인프라가 부족한 소상공인은 자생력의 한계치에 쉽게 다다릅니다.

우리는 과거 그 어느 때보다 비대면 사업모델에도 관심을 가져야 하고, 디지털 트윈과 메타버스로 대변되는 IT 혁명에도 살아남아야 합니다. 전통적인 온라인, 오프라인 채널만 잘하면 되는 게 아니라, 멀티유통채널, 하이브리드 채널로의 변신도 해야 합니다.

이전에도 과학의 발달은 있었지만, 발달하는 단계에 따라 사업모델의 변화도 속도를 맞춰갔습니다. 지금은 이전의 과학발달 속도를 넘어선 시대입니다. 성장속도가 폭발적으로 증가하는 반면, 퇴색하는 속도 역시 "어~." 하는 순간에 바닥으로 내려가는 시대입니다.

이전의 방식이 우리의 자원으로 잘해보자는 것이었다면, 앞으로의 방식은 우리가 가진 게 부족하니 외부에서 도움을 받자는 방향으로 움직이고 있습니다. 이처럼 우리를 둘러싼 경영환경은 외부전문가의 손길이 필요한 시대로 진입하고 있습니다.

5. 경영지도사의 마인드 경영

전략경영의 단계를 보면 미션 → 비전 → 환경분석 → 전략수립의 과정을 거치게 됩니다. 이를 도표화한다면 아래와 같습니다.

조직의 사명(미션)은 기업의 존재의의와 목적을 규정합니다. 이를 바탕으로 비전과 핵심역량이 규정되어 경영목표를 세우게 됩니다.

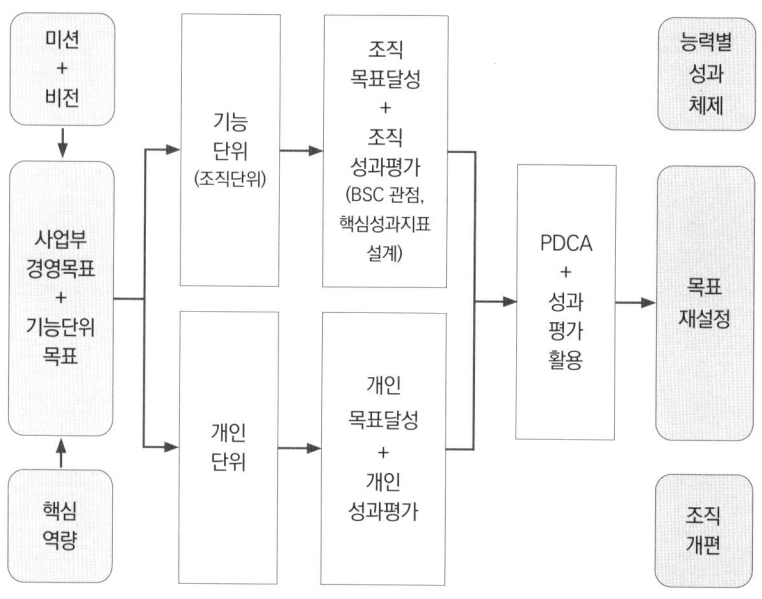

출처 : 『WOWPASS 경영지도사』 수험서, 저자수정

경영지도사는 어떤 미션을 부여해야 경영지도사로서의 정체성과 지향점을 규정할 수 있는지도 생각해보길 바랍니다.

경영지도사를 다른 말로 소상공인, 중소기업의 동반성장 전문가로 표현하고 싶습니다. 그리고 이를 수행하기 위해서는 다음과 같은 키워드를 지니고 있어야 한다고 생각합니다.

경청, 동반자, 같이 성장, 지속성장

기업은 성장해야 하고 어제보다는 오늘이, 오늘보다는 내일이 더 좋아야 합니다. 이렇게 기업의 성장을 만들어가는 특별함은 수진기업이 아닌 동반자 관계에서 더욱 탄탄히 만들어집니다. 그러므로 경영지도사는 동반성장 전문가로도 정의할 수 있습니다.

기업도 성장하기 위해서는 성장통을 겪곤 합니다. 그 성장통을 이겨내기 위해서 외부전문가와 협업하게 됩니다. 컨설팅 기업의 규모에 따라 솔루션 방향과 전략안의 범위가 결정됩니다. 규모가 작은 기업일수록 해결방안은 철저하게 실행이 가능한 현실적인 답안이어야 합니다. 반면 규모가 크다면 복합적인 문제로 표출되는 경향이 있습니다. 기업 내부자원의 경쟁우위는 유지하면서, 전략과 실행안을 IT로 철저히 연결하여 통합적인 솔루션을 제안해야 합니다.

기업의 성장전략은 컨설턴트 자신의 성장전략과도 궤를 같이합니다. 기업환경의 불확실성과 문제의 복잡성은 컨설턴트 환경의 불확실성과 복잡성으로 연결됩니다. 4차 산업혁명으로 불리는 지식정보화 사회에서는 이런 동조화 경향이 더욱 높아지고 있습니다. 산업은 성장해도 기업은 성장하지 않거나, 컨설팅 업계는 성장해도 개개의 컨설턴트는 업황이 좋아지지 않는 것과도 궤를 같이합니다.

경영지도사는 수행방법론에 대해서 지속해서 공부해야 합니다. 시대나 산업의 특성에 따라 수행방법도 유동적으로 변해야 합니다. 소기업, 중소기업에서도 양극화가 진행되고 있어서, 잘되는 기업은 계속 시세를 키우고 힘든 기업은 갈수록 어려워지고 있습니다. 자신의 시사점을 도출하기 위해 내가 직접 작성한 보고서가 아니더라도 학술지와 정보지를 꾸준히 탐독해서 견문을 넓혀야 합니다.

경영지도사 업(業)의
고민과 도전

1. 경영지도사를 꿈꾸는 후배 기수들에게

　경영지도사는 평생직업을 만들어줄 수 있는 자격증입니다. 중소벤처기업부에서 인증하는 유일한 국가공인자격증이라는 점과, 경영자문 혹은 소상공인 전문가라는 평판을 받으면서 사회생활에 필요한 경제행위, 품위유지도 가능합니다. 전통적인 제조기반을 포함하여 4차 산업으로 변화해가는 현시점에서 대표적인 지식기반 직업이기도 합니다.
　예비 경영지도사가 이 책을 본다면 기왕이면 회사경력을 기반으로 자격시험에 도전하기를 권합니다. 재직 시의 업무지식과 경력을 썩히지 않고 재생산할 수 있다는 점에서 더욱 매력적이기 때문입니다.

- 경영지도사는 기업의 경영을 지도하는 전문자격사로 특히 중소기업을 대상으로 경영문제 진단을 주업으로 합니다. 기업의 경영진단을 하는 관계로 인사, 노무, 재무, 생산, 유통, 수출 등 기업의 전반적인 경영 컨설팅 업무를 수행합니다.
- 업무 범위가 넓고 다양한 분야의 지식이 요구되기 때문에, 과거 어떤 경험이 있는지가 컨설팅을 제공할 때 중요하게 작용합니다. 회사의 핵심역량과 관련된 업무를 많이 진행했거나 내외부 네트워크가 많이 형성되어 있으면, 적극적으로 추천하는 자격증입니다.

2. 경영 컨설팅과 관련된 사회적 인식

경영지도사로서 경영 컨설팅은 분명 고수익을 창출할 수 있지만, 우리가 책에서 배운 컨설팅 교법과 문제해결 프로세스를 실제 현장에 그대로 적용하기는 어렵습니다. 그래서 재직 중 경험한 다양한 경력이 이론과 실제의 괴리감을 좁혀주는 역할을 합니다.

경영지도사를 비롯한 경영컨설턴트가 받는 대표적인 압력은 다음과 같습니다.

매번 다른 현장에서 그에 맞는 컨설팅 대안을 만들어내야 하는 압력

기업마다 처한 환경이 다른데 책에서 배운 것만으로 컨설팅을 진행한다면 정확한 솔루션을 제공하지 못할 가능성이 큽니다.

무형자산으로 인한 컨설팅 비용 산정의 압력

제조나 생산으로 비용을 책정하는 것은 유형자산인 원가와 마진이라는 숫자가 있기 때문에 쉬운 편입니다. 반면 컨설팅은 눈에 보이지 않는 무형자산이기 때문에 컨설턴트가 투자한 시간과 노력을 고려해 비용을 책정하는 게 쉽지만은 않습니다. 그래서 정당한 비용을 지급하지 않으려는 사회적 인식이 아직 존재합니다.

경영지도사 자격증은 가만히 있어도 성공을 가져다주는 자격증이 아닙니다. 경영지도사로서의 성공은 자산, 거품, 성장이라는 세 가지 순환 구조가 필요한데, 이는 지속적이고 단계적으로 순환되어야 합니다.

자산

- 지식 : 한 분야가 아닌 다방면의 지식
- 경험 : 기업의 value chain 단위에서의 지식과 경험
- 인맥 : 나를 불러줄 수 있는 곳

거품

"이 분야는 OOO가 잘해, 전문가야." 등의 사람들의 인식, 소문 등 건전한 거품

성장

- 나 자신이 1년 전보다 성장해 있어야 한다.
- 비전공 분야를 1년 동안 준비하여 새롭게 개척했다.
- 내 사업 규모를 2배로 성장시켰다.

성공 항목에 '거품'이라는 단어가 나오는 것에 의아한 생각이 들거나 감정적으로 거북할 수 있습니다. 하지만 이렇게 생각해보는 건 어떨까요?

한국은 세계 제조업 5위 국가이자 GDP 10위 국가입니다. 이렇게 성장하기까지 초기에 거품이 없었을까요? 대한민국이 개발도상국 중에서 제일 손재주가 좋다는 인식은 산업초기 수출오더를 받는데 크게 이바지했습니다. 사실 국가의 제조산업체 모두가 완벽하게 손재주가 좋을 수는 없습니다. 하지만 손재주에 대한 거품이 수출오더를 불러오고, 그 기대에 부응하고자 노력했기에 점차 전체의 수준이 올라갈 수 있었습니다. 이른바 건전한 거품이 성장과 맞물린 대표적인 사례라고 볼 수 있습니

다. 그것이 국가 단위일지라도 적당한 거품이 내실과 실력으로 이어지는 것을 알 수 있습니다. 이렇게 개인의 건전한 거품도 건전한 성장으로 이어질 수 있음을 이해해야 합니다.

즉, 거품에도 두 종류가 있습니다.

- 나쁜 거품 : 실력보다 부풀려지는 것(허세라고도 합니다.)
- 건전한 거품 : 업황에 대한 기본이해와 지식이 있어 잠재력이 있는 것

내가 경제적 자립을 할 수 있기까지는 보이는 손과 보이지 않는 손의 도움이 필요합니다. 컨설팅 시장은 유동적이며, 이런 시장에서 성장하기 위해서는 나를 아는 사람들이 건네는 보이는 손과 나를 알지 못해도 나비효과처럼 연결이 되는 보이지 않는 손이 있다는 걸 언제나 유념해야 합니다.

처음 컨설팅 시장에 진입하게 되면 경영지도사 혼자선 시장수요를 감당하기 어렵고, 컨설팅 시장의 생리를 완벽하게 알기도 어렵습니다. 그래서 처음에는 동기모임에서 서로 도움을 주고받는 걸 권합니다. 정보교류와 사업확장 측면에서도 좋고, 관계가 이어지면 생각지 못한 곳에서 프로젝트 제의를 받기도 합니다. 시간이 흐르고 네트워크가 쌓일수록 보이지 않는 손이 나를 찾아오는 것입니다.

3. 경영지도사 업(業)의 도전

경영 컨설팅을 하겠다고 하면 주변 반응이 다음과 같이 크게 두 가지로 나뉩니다.

긍정반응
- 마음 정했다면 빨리 해라. 할 거면 빨리 시장선점하는 게 좋다고 봐!
- 괜찮은 자격인 것 같다. 기업의 경영리스크를 파악하고 해결책을 제시해준다는 직업은 멋있네…. 도전할 만하겠다.
- 무자본 사업모델이라 좋구나. 공장 만드는 것도 아니고 사무실도 무조건 있어야 하는 게 아니라면 투자자본손실 위험성은 적은 사업모델이네. 그럼 고객확보가 관건이겠다.

부정반응
- 너 경험 있어? 컨설팅 범위가 너무 넓어서 하나도 제대로 못 할 것 같은데? 돈을 내는 상대방은 회계, 재무, 노사 등 경영전반에 걸친 컨설팅을 요구하지 않을까?
- 진상고객 만날 텐데…. 온갖 사람들을 다 만나고 다녀야 할 텐데, 심적인 스트레스가 클 것 같아!

즉, 비전은 있지만 어려운 비즈니스라는 말이겠지요. 고객(client)의 요구사항을 정확히 파악해 충족시키는 것이 어렵기 때문입니다. 클라이언트의 요구를 알려면 결국 만나서 부딪쳐봐야 합니다.

경영 컨설팅은 분명 어렵습니다. 전문지식이 필요합니다. 나보다 많이 배운 사람, 나보다 더 많이 알고 있는 사람을 만날 확률도 상당히 높습니다. 이제 갓 경영 컨설팅에 입문하려는 사람들이 이 책을 읽었으면 하는 이유입니다. 마음가짐을 다잡는 시간이 될 것이기 때문입니다.

고정수입(바닥매출) 확보와 감사하는 마음

경영지도사는 대부분 개인사업자이다 보니, 내가 고객발굴을 하는 만큼 수입이 결정됩니다. 어느 것 하나라도 부족하면 수입이 들쭉날쭉하기 쉽습니다. 이럴 때 고정수입이 없다면 경영지도사로의 인생항로가 험난해질 수 있습니다. 변동성이 장시간 지속하면 결국은 안정적인 수입이 나오는 직장으로 다시 입사하려 합니다. 어렵게 딴 자격증을 가지고 부푼 꿈으로 전업에 뛰어들었지만, 결국 데스밸리(death valley)를 뛰어넘지 못하고 좌절하게 되는 것입니다.

그러나 눈앞의 데스밸리를 꼭 지금 이기고 가야 한다는 강박관념만 없다면, 기회는 충분히 있다고 생각합니다. 내가 이 자격증을 선택한 이유, 몇 년의 시간을 투자해서 합격한 기쁨과 모든 것에 감사하는 '첫 마음'만 잊지 않는다면, 돌고 돌더라도 해당 자격증과 관련된 나의 성장스토리를 다시 쓸 수 있을 것입니다.

감사하는 마음을 가지면 세상에 감사할 것투성이고 반대로 불평하려고 마음먹으면 불평거리 천지입니다. 그런데 이런 감사하는 마음, 불평하는 마음 모두 나에게 달려 있습니다. 마음이 바뀌면 행동이 바뀌고 행동이 바뀌면 결과가 바뀝니다. 모두 내가 만드는 결과물입니다.

소기업, 소상공인 컨설팅도 마음과 행동에 따라 수행결과는 큰 차이를 보입니다. 컨설팅하면서 '수진기업 상태가 이런데 개선할 수 있을까?'라는 생각이 자리 잡으면 컨설팅 의지, 노력, 보고서 작성까지 연쇄적으로 위축됩니다. 클라이언트가 관성에 빠져 보지 못하는 인사이트를, 경영지도사는 찾아내고 개선과제로 연결을 시켜야 합니다. 개선과제는 어떻게 찾아낼 수 있을까요? 바로 문제에 대한 솔루션을 찾아내고자 하는 경영지도사의 집념입니다. 그 집념이 해당 기업을 살리는 역할을 하게 됩니다.

일찍 출발한다고 먼저 도착하지 않는다

경영지도사로 일찍 출발해서 혹은 능력이 출중해서 이미 기반을 잡은 사람을 부러워하지 마시길 바랍니다. 앞으로 누구를 만날 것인지, 앞으로 어떤 경험을 할 것인지, 앞으로 어떤 실력과 어떤 행운을 얻을 것인지 등은 모두 내가 선택하고 결정해서 만들어야 하는 과정입니다.

남을 부러워하면 시기하게 되고 질투에 눈이 멀게 됩니다. 중요한 건 내가 쌓아 올릴 경험과 옆에서 나를 지지해주는 사람들입니다. 지금은 경영지도사 시험에 합격했다는 것만으로도 감사하는 마음을 가졌으면 합니다. 마음가짐의 크기에 따라 결과의 크기도 달라집니다.

행복과 노력은 비례한다

행복과 노력은 비례한다는 말이 있습니다(노력이란 단어 대신 고통이라고도 말합니다.). 행복이 먼저 오는지 혹은 노력했기 때문에 행복이 오는 것인지 모르겠지만, 노력했기 때문에 행복이 온다는 것은 틀린 말이 아니라고 봅니다. 행복의 성격에 따라 누군가는 '행복'이라고 하고 누군가는 '결실'이라는 단어를 사용할 것입니다.

경영지도사를 획득한 사람들 중에는 한 군데에서만 직장생활을 한 사람도 있겠지만, 아마 대다수는 평생직장이 사라진 시대답게 최소 한 번 이상 이직을 했을 것입니다.

그렇다면 이런 노력과 행복의 과정을 가정해볼 수 있습니다. 노력했으니 대학교에 들어갔을 것이고, 대학에서 노력했으니 취업할 수 있었을 것이고, 차장, 부장까지 달고 나올 수 있었을 것입니다. 첫 번째 직장에서 노력했으니 두 번째, 세 번째 직장을 가질 수 있었을 테고요. 노력했으니 경영지도사와 같은 전문자격증 시험도 합격했을 것입니다.

경영지도사의 길을 걸어가는 사람이라면 이제 또 한 번의 노력과 행복을 만들어야 하는 길에 서 있습니다. 컨설팅의 길에는 어떤 고통과 고민이 있고, 갈림길에서 어떤 선택을 하고, 그 길의 끝에는 어떤 행복이 기다리고 있을까요?

노력과 행복이 일치하는 순간이 있습니다. 간혹 노력 없이도 행복이 저절로 올 때가 있지만, 대부분은 노력이 멀어지면 행복도 멀어집니다. 경영지도사는 계속해서 새로운 학문을 탐구하고, 기존 학문에 새롭게 다가오는 학문을 융합하는 노력을 끊임없이 해야 합니다.

나의 컨설팅 영역만 살아있으면 된다

컨설턴트마다 각자 주력하는 시장이 있는데, 한쪽은 흥하고 다른 한쪽은 흥하지 못할 수 있습니다. 흥하는 시장을 주력으로 하고 있을지라도 내 주력 시장만 잘되면 된다고 생각하는 것은 위험합니다. 컨설팅 시장은 부동산 시장과 흡사합니다. 대한민국 부동산 시장은 어떤 구조를 형성하고 있을까요? 시장수요가 아파트 시장만 흥할까요? 아파트 시장도 지역별로 나뉘는데, 지역 간 이동흐름이 있을까요?

부동산을 주업으로 하는 지인에게서 들은 이야기입니다. "대한민국은 서울, 서울에서도 강남, 강남에서도 압구정을 봐야 한다. 압구정이 올라가면 압구정으로 미처 못 들어간 수요는 압구정 다음의 선택지, 예를 들면 반포, 개포 쪽으로 방향을 튼다. 다시 반포, 개포의 수요가 다 차면 그 다음 급지로 옮겨가는 연쇄작용이 일어나는 게 부동산 시장의 특징이다."

컨설팅 시장도 비슷합니다. 전방산업의 한 산업군이 잘되면 그와 연관된 후방산업군으로 이동합니다. 컨설팅 시장은 결국 개별 생태계가 아니라 촘촘하게 얽혀 있는 거미줄 같은 시장이기 때문입니다. 지금은 나의 전문이 아닐지라도 컨설팅 시장은 결국 같은 시장, 같은 생태계에 속해 있다는 뜻입니다. 결국, 경영지도사들 간의 정보교환, 네트워크 형성, 만남을 통한 트렌드 교류 등을 계속 지속해야 합니다. 업종과 업태라는 좌표만 다르게 찍힐 뿐, 조금만 멀리서 보면 결국 동일 생태계에 있기 때문입니다.

전방산업 vs 후방산업

경영지도사나 마케팅을 공부하면서 전방산업, 후방산업의 정의는 알고 있겠지만 영어단어와 한글단어가 엇박자 나다 보니 공부할 때 헷갈리는 경우가 발생합니다. 이는 어디에 관점을 두냐의 차이에서 비롯되는데, 한글/한자의 경우는 소비자를 바라보는 관점에서 접근하니 '전방'이란 단어가 사용되지만, 영어권에서는 원재료에서 출발한다는 관점에서 접근해서 'Upstream'이라는 단어가 사용됩니다.

한글과 영어의 뜻이 약간 달라 시험문제를 내기에 좋기도 합니다.

- 전방산업(前方産業, downstream) → 최종 소비자와 가까운 산업
- 후방산업(後方産業, upstream) → 소재나 원재료에 가까운 산업

4. 직장생활의 묵은 때

끝까지 참고 버티면서 정년까지 남아 있는 게 좋을까? 더 늦기 전에 새로운 도전을 하는 게 좋을까? 어떤 선택을 하든지 큰 고민일 수밖에 없습니다.

유튜브를 보면 "이제 모든 짐 다 내려놓고 자연인을 꿈꿉니다.", "파이어족으로 살고 싶어요."라는 영상이 많이 나오는데, 여기에는 결국 '마음 편한 게 최고다.'라는 기조가 깔려 있습니다. 그렇지만 경제적 이유로 일터를 떠날 입장이 못 되거나, 경제적 자유가 있음에도 일하는 게 즐거워 직장에 다니는 이도 있습니다. 상반된 이유로 직업을 유지하지만 어떤 경우에든 꿈과 희망은 인생에 큰 도움이 됩니다.

그러나 경제적 자유를 이루지 못한 상태에서의 평온함이란 오래 가지 못한다는 게 제 생각입니다. 기업에서 더 버티기 힘든 상태가 되어서 한 달 한 달 직장에서의 생명을 연장하려 애쓰지만, 결국은 나와야 하는 순간이 옵니다. 타인의 회사에서 영원한 것은 없습니다. 시차만 있을 뿐, 제2의 인생을 준비해야 하는 건 변하지 않는 씁쓸한 현실입니다.

그러나 상사, 후배들의 눈치를 보면서 자리에 연연하다 밀려 나오는 퇴직이 아니라, 내 발로 당당히 걸어 나오는 퇴직은 꽤 괜찮습니다. 40대, 50대면 아직 젊으니까요. 많은 직장인이 두려워하는 것은 직장에서의 퇴직을 인생에서의 퇴직으로 생각하기 때문입니다. 갈 곳이 있고 해야 할 것이 있는 사람에게 퇴직은 새로운 출발을 알리는 신호탄일 뿐입니다.

직장생활 기간이 길수록 자신을 합리화, 상향화, 자기 중심화하는 3가지 심리가 자리 잡게 됩니다. 나에게 유리하도록 상황을 합리화하는 경향, 본질적인 나의 능력보다 내 몸값을 더 높여 생각하는 상향화 경향, 업무추진이나 대화할 때 상대의 말보다 나의 말을 앞세우는 자기 중심화 경향입니다.

이 세 가지 경향이 한층 굳어진 상태에서 회사를 나오게 되면 새로운 환경에서 적응에 필요한 기간은 현격히 길어집니다. 묵은 때를 벗겨내야 하는데 이미 굳어진 편향은 쉽게 없어지지 않고, 적나라하게 드러난 나의 실체를 받아들이는 것 역시 몹시 힘듭니다.

요즘은 재직 중에도 이직을 준비하고 주식이나 부동산 투자를 하는 직장인들이 많습니다. 이런 준비에 하나를 더하고 싶습니다. 자격증 준비는 꼭 필요합니다. 기왕이면 희소성 있고 붙기 어려운 시험을 준비하는 것이 좋습니다. 제2의 인생을 준비하려면, 1년에 1,000명 이상 뽑는 자격증이 아닌, 정말 실질적으로 도움이 되는 자격증을 준비할 것을 권합니다. 앞서도 이야기했지만, 대한민국 10대 자격증 중의 하나를 준비하면 갑작스러운 퇴직을 맞이해도 해볼 수 있다는 자신감을 가질 수 있습니다.

자격증 하나가 불러일으킨 나비효과

지금은 단지 자격증 하나를 취득했을 뿐이라도 이 자격증 하나로 신기한 나비효과가 나타납니다. 같은 자격사끼리 교류하고 서로 정보도 주고받으면서 새로운 시도를 하는 상황을 많이 경험하게 됩니다. 또 다른 길과 방법이 꼬리에 꼬리를 물듯 새롭게 나타납니다. '이런 세상이 있었어?', '이렇게 돈 버는 방법이 있었어?' 하면서 눈이 뜨이고 '이렇게 열심히 살아가는 사람이 많았구나!' 하고 자기 각성도 하게 됩니다.

5. 이 사람이 나를 도와줄까?

회사조직 내에서 맺어진 인연은 조직을 벗어나는 순간 이어지기 힘듭니다. 스스로도 알고 있지만 나는 예외일 거라며 인정하지 않을 뿐입니다.

회사는 내가 없어도 잘 돌아간다는 것을 기억해야 합니다. 개인의 공적인 성과는 잘 인정해주지 않는 게 보통입니다. 운이 좋아 업적을 정당하게 인정받았어도 기존 회사에서의 성장 가능성이 낮다고 판단되면, 경쟁사로 이직하거나 퇴사 후 자기 사업을 하는 게 개인의 성장 측면에선 좋은 방법일 수 있습니다.

내가 능력이 뛰어나 이 자리에 앉아 있는 것이 아니라 동료, 선후배와 같이했기 때문에 이 자리에 앉아 있다고 생각해야 합니다. 내가 사내에 있을 때 이미 회사를 나간 선배, 동료가 찾아오면 살갑게 맞이해야 합니다. 그런데 이게 잘 안 된다는 게 사람의 본성입니다.

모든 것은 불현듯 오는 것 같지만 사실은 앞에서 만들어놓은 결과물이 불러오는 효과입니다. 회사를 나가는 것도, 기회가 찾아오는 것도 모두 생각지 않게 옵니다.

Chapter 2

좋은 경영지도사로 성장하기

세상을 컨설팅하다

MANAGEMENT CONSULTING

3장   좋은 경영지도사로 성장하기 1
4장   좋은 경영지도사로 성장하기 2
5장   좋은 경영지도사로 성장하기 3

좋은 경영지도사로
성장하기 1

1. 경영지도사 합격 전후의 변화

　회사경력과 업무에 자신감이 컸던 시절이 있었습니다. 그 시절에는 자격증이나 학위취득에 쏟는 시간보다는 현장에서 회사일 하나라도 더 배우는 게 낫다는 말을 많이 했습니다. 일을 잘해서 연봉도 올라가고 임원에 대한 욕심도 있었으니까요.

　업무능력은 출중하지 않은데 자격시험 준비한다는 선후배들을 이해하지 못했고, 자격증을 취득해봤자 현업에서 잔뼈가 굵은 사람들을 이겨내지 못할 거라는 생각도 했습니다. 근무가 끝나면 칼처럼 퇴근해서 자기계발에 힘쓰는 사람들과 거리감도 많이 느꼈습니다.

　당시 저는 자격증 공부를 하지 않는 이유를 이렇게 합리화했습니다.

- 나는 실무경력이 많아서 자격증은 필요 없어.

- 나는 대기업 다니는데다 인맥도 많으니, 인맥관리만 하면 돼.
- 우리 회사는 야근이 많아.
- 나를 대신할 사람이 없어.
- 이번 성과만 내면 부장에게 눈도장 확실히 찍을 수 있을 것 같아.
- 집에 가서라도 일을 끝내야겠다. 내일까지 끝내야 해.
- 주말에는 아이들과 놀아줘야 해서 도저히 시간이 없어.

이런 생각으로 지내다 보니 20년간 조직생활을 했어도 제 주경력과 관련된 자격증이 하나도 없었습니다. 이 사실에 대해 저는 두 번 후회했습니다. 회사를 나올 때, 그리고 제2의 인생 설계를 할 때였습니다.

그러나 직접 많은 시간과 노력을 기울여 자격증을 취득한 후, 다음과 같은 점을 새롭게 느꼈습니다.

- 자격증을 따기 위해 투자한 노력은 무척 소중하다.
- 궁합이 맞지 않더라도 과락을 면하기 위해 포기하지 않고 투자한 시간은 무척 소중하다.
- 학생이라면 학과공부, 직장인이라면 회사일과 병행하며 준비한 시간과 노력 역시 무척 소중하다.

자격증 공부를 직접 도전하기 전에는 '도전의 가치'를 미처 알지 못했고, 알았다고 한들 애써 외면했습니다. '자격증 있어봤자 실무에선 나를 이기지 못해.'라는 자만심도 있었고 내가 가지지 못했다는 시기심에서 비롯된 잘못된 편향도 한몫했습니다.

경영지도사 자격을 따고 난 뒤 제게 큰 변화가 두 가지 생겼습니다.

첫째, 나를 둘러싼 환경을 나를 중심에 놓고 능동적으로 보게 되었습니다. 먼발치에서 관망하는 환경은 그저 풍경에 불과할 뿐입니다. 하지만 나를 중심에 놓고 환경을 보면 같은 상황일지라도 어떨 때는 생존의 의미로 다가옵니다.

둘째, 자격증이라는 결과를 얻기 위해 개인이 들였던 시간과 노력을 보다 높이 평가하게 되었습니다. 예를 들어, 기업 규모가 크건 작건 신입사원을 뽑을 때 1차 검토항목 중 하나는 학력입니다. 다방면으로 인재를 평가한다고 밝힌 기업에서도 합격자를 살펴보면 상당수가 상위권 대학 출신입니다. 그런데 학력을 본다는 것은 단순히 최종학교라는 '결과'만을 검토하는 것이 아닙니다. 그 사람의 성장과정과 성실성을 보려는 노력입니다. 목표하는 대학에 들어가기 위해 초중고 12년간 얼마나 인내했는지, 대학교에선 사회진출을 위해 얼마나 성실하게 지내왔는지 보기 위함이었습니다.

물론 성실성을 학벌과 자격증으로만 판단하는 건 어폐가 있습니다. 다만, 시험준비 과정을 통해 '결과 그 이면에 있는 노력'의 가치를 깨달았다는 뜻입니다. 노력하는 인생을 산다면 삶은 갈수록 풍성해질 것입니다.

자격증을 준비하는 두 가지 이유

자격증을 준비하는 이유는 보통 두 가지입니다.

첫 번째 이유는 시기와 질투 때문입니다. 누가 보더라도 나보다 못한 사람이 합격했는데, 설마 내가 못 하겠냐는 심리에서 출발합니다. 한국 사람은 배고픈 건 참아도 배가 아픈 건 절대 참지 못한다고 했던가요?

두 번째는 미래에 대한 준비와 열정 때문입니다. 더 높은 올라가고자 하는 마음, 현재 위치보다 좀 더 좋은 위치로 이동하고 싶다는 마음 때문입니다. 그래서 취업이 잘 되는 자격증, 정년 없는 자격증의 인기는 시간이 갈수록 올라가고 경쟁률 또한 날로 높아집니다.

'남의 노력을 인정하는 용기와 남의 결과를 외면하는 비겁함'. 이 차이가 결국 큰 차이를 만든다는 말을 들은 기억이 납니다.

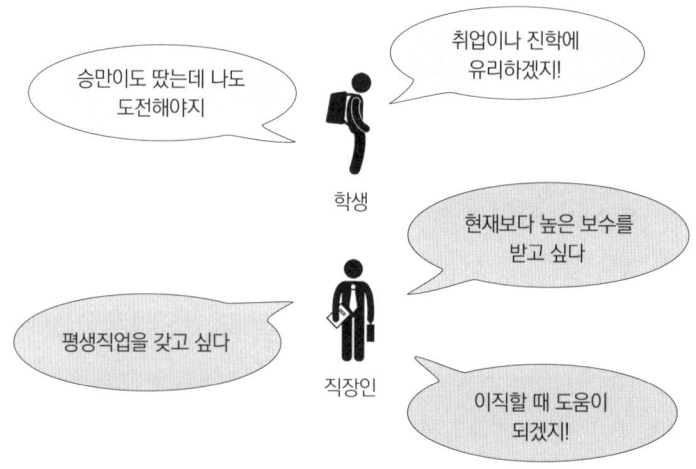

노력한 만큼 성과가 나고 노력하면 성공할 수 있다고 믿는 것이 자격증의 세상이라고 생각합니다. 1년에 1,000명, 2,000명 배출되는 시험보다는 1년에 100명, 200명 뽑는 시험에 합격하고 받는 보상이 더욱 클 것이고 이는 노력에 대한 공정한 배분이라고 생각합니다. 미래를 준비하고 싶다면 전문자격증에 지금 도전해보길 권합니다.

따라 하기 vs 기본기 닦기

- 남의 지식을 내 것으로 만드는 가장 빠른 방법은 '보고 따라 하기'입니다. 하지만 기본기가 없다면 아무리 똑같이 따라 해도 같은 결과가 나오지는 않습니다.

- 시험에 붙기 위한 제일 빠른 방법은 '기출문제 분석'입니다. 하지만 과목에 대한 기본기가 없다면 기출문제를 달달 외운들 합격이 보장되지 않습니다. 사람이건 공부건 모든 것의 출발은 기본에서 시작되어야 합니다. 경영 컨설팅 역시 경험과 지식이라는 기본이 있는 사람과 없는 사람은 현장에서의 자신감과 문제해결의 접근방법이 다릅니다. 유연성과 임기응변 역시 기본이 있는 사람에게서 나오는 법입니다.

2. 컨설팅 기초역량 키우기

조리자격증이 있는 친구가 있습니다. 조리자격증을 획득한 친구에게 식당 오픈 계획을 물어보았더니 이렇게 답하더군요. "조리자격증은 '당신은 이제 요리손질은 할 수 있어요.'라는 의미다. '맛깔나게 요리하네!'가 아니라 칼질은 할 수 있다.'는 의미다."라고요.

경영지도사 자격증도 마찬가지입니다. 특정영역에 필수인 자격증이고 특채를 하는 자격증이기는 하지만, 실무경험과 지식이 없는 자격증을 갖고 곧 "나 경영컨설턴트예요."라고 말할 수 있다는 뜻은 아닙니다. 하지만 누군가가 경영지도사를 필요로 한다면, 경영지도사 자격증이 있는 사람과 없는 사람 중 누구를 선택할까요? 여기에 대한 답은 명확합니다.

경험이 없는데 어떻게 하지?

자격증을 따고 본격적으로 컨설팅 시장에 진입하겠다고 결심하지만, 컨설팅 시장에는 또 다른 허들이 존재합니다. 컨설팅 경력이 있어야 수진기업에게 선택받을 수 있고 공공기관의 평가위원, 심사위원 선정에 신청했을 때 선정될 확률이 높아집니다. 내세울 수 있는 컨설팅 수행 이력이 없으면, 수진기업은 나를 선택하지 않고 작은 평가위원이나 심사위원 자리도 선정 자체가 안 되는 경우가 허다합니다.

이게 허들의 끝이 아닙니다. 심사위원, 평가위원을 뽑는 해당 기관마다 조금씩 추가로 요구하는 자격증이 있습니다. IT 심사위원을 뽑을 때는 빅데이터 관련 자격증이, 유통 심사위원을 뽑을 때는 유통관리사·물류관리사 자격증이 있어야 위원선정에 약간 더 유리합니다. 하지만 가산점을 받기 위해 자격증을 따려 한다면, 정작 컨설팅은 하지 못하고 자격증 수집가가 되고 맙니다. 이미 대한민국 10대 자격증 중 하나를 보유하고 있음에도 또 다른 자격증 수험서를 기웃거리고 공부를 할까 말까 고민에 빠지게 됩니다. 저 역시 초반에 이런 고민을 했습니다만, 저는 자격증을 추가로 공부하기보다는 경영서적, 컨설팅 서적을 최대한 많이 읽는 데 주안점을 두고 두 가지 훈련을 했습니다.

첫째, 책 속의 사례에서 나만의 답을 찾고자 복싱선수가 섀도복싱으로 훈련하는 것처럼 연습합니다. 경험이 부족했던 제가 기업의 고민을 생각하면서 나와 기업대표의 생각 크기를 키우는 상상훈련을 틈날 때마다 합니다.

둘째, 어떤 질문이 효과적일지 연습합니다.

처음부터 실력 있는 컨설턴트로 태어나는 사람은 없습니다. 실제 효과가 있을까 의구심이 생길 수도 있지만, 준비하는 사람만이 성공적인 컨설턴트의 세계로 진입하게 될 것입니다.

좋은 질문과 대화

컨설턴트 대부분은 수진기업 대표가 몸담은 사업을 직접 운영해보거나 해당 업종을 경험하지 않았을 확률이 높습니다. 그 회사의 대표만큼 온종일 사업만 생각하는 것도 아닙니다. 컨설팅에 빨리 착수해야 하는 컨설턴트 입장에서는 바로 해당 기업의 상황을 파악해야 합니다. 그럼 어떻게 해야 빨리 파악할 수 있을까요? 관련 보고서를 숙독하는 방법도 있지만, 경험 많은 컨설턴트라면 좋은 질문과 대화만큼 좋은 방법이 없다고 합니다.

- 지금 어떤 생각과 고민을 하고 있는가?
- 최근의 경영성과에 대해 어떻게 생각하는가?

이런 상황을 파악하기 위해서는 회사대표와 이야기를 많이 해야 합니다. 한정된 시간 안에 최고경영진의 고민과 방향을 파악하기 위해서는 의미 있고 깊이 있는 대화가 필요합니다. 좋은 결과물은 좋은 대화에서 나오고 좋은 대화는 좋은 질문에서 나옵니다.

그런데 좋은 질문을 하기 위해서 제일 먼저 무엇이 선행되어야 할까요? 저는 '두려움'이라는 적을 이겨내는 거라고 생각합니다.

- 괜히 질문했다가 실력 없는 사람으로 찍히게 될까?
- 다들 조용히 듣고 있는데 굳이 이 분위기를 깰 필요 있을까?

저 역시 아직 두려움을 완전히 극복한 상태는 아니지만, 좋은 대답을 얻기 위해 좋은 질문을 많이 해보려고 연습하고 있습니다. 여러분도 좋은 질문을 하기 위해 두려움이라는 적을 이겨내길 바랍니다.

현자들은 질문에 대해 이렇게 말했습니다. 철학자 소크라테스는 "인간이 지닌 탁월함의 최고 형태는 자신과 타인에게 질문하는 것이다."라고요. 경영의 대가 피터 드러커는 "심각한 오류는 잘못된 답 때문에 생기지 않는다. 정말로 위험한 것은 잘못된 질문을 던지는 것이다."라고 했습니다. 여러분도 한번 좋은 질문에 대해 생각해보길 바랍니다.

컨설턴트 역량은 습관과 반복으로 만들어진다

많은 컨설턴트들이 좋은 컨설팅을 하겠다고 굳은 마음으로 시작하여도 이 다짐을 컨설팅 종결 시점까지 같은 마음으로 지속하기 힘든 경우가 발생합니다.

- 수입만을 목적으로 덥석 컨설팅 계약을 맺은 경우
- 해당 업종에 관련 지식이나 경험이 없거나 부족한 경우
- 컨설팅을 어떻게 하는 것인지 그 방법을 모르는 경우

기업대표들이 기업에 닥친 답답한 현실을 풀어보고자 컨설팅을 의뢰하지만, 막상 컨설턴트에게 무엇이 문제이고 현재 상황이 어떤 단계에 있다는 것을 족집게처럼 설명해줄 객관적 판단이나 지식이 부족할 때도 있습니다. 하지만 컨설턴트는 그런 기업대표, 즉 클라이언트를 탓할 수는 없습니다. 컨설턴트가 전문가라 해서 요청한 것이기 때문입니다. 기업대표의 설명이 부족하다고 하지 말고 컨설턴트의 역량을 키우는 게 정답입니다. 이를 위해 평소 노력할 것은 다음과 같습니다.

첫 번째, 관찰습관을 들여야 합니다. 밥은 정해진 시간에만 먹으면 되

지만 사업을 하게 되면 매일 매 순간이 관찰의 시간이어야 합니다.

둘째, 반복해야 합니다. 지금 하는 관찰습관을 지겹도록 반복해야 합니다. 그러면 저절로 하게 됩니다.

셋째, 현상을 전문가의 언어가 아닌 판매자와 소비자의 언어로 설명하고 답을 찾아야 합니다. 컨설팅 현장은 컨설턴트의 유식함을 과시하는 시간이 아니라, 전문가의 시선으로 포착한 현상을 알기 쉽게 설명하고 해법을 제시하는 것입니다. 그래서 용어의 사용이 중요합니다.

3. 생각의 크기를 키우는 두 가지 방법

지속적인 사업을 하고 싶다면 얼마나 돈을 벌 것인지가 아니라 얼마나 남을 이롭게 할 수 있는 사업인지를 기준으로 삼아야 합니다. 특히 지식산업이 그렇습니다. 남에게 이득이 되는 (즉, 돈을 벌어주는) 사업의 규모는 내 생각의 크기에 따라 결정될 것입니다.

생각의 크기가 커지면 문제해결책도 고수들이 할 법한 방법이 나올 것이고, 생각의 크기가 작다면 문제해결책도 하수의 방법이나 단편적인 방법이 나올 것입니다. 사람은 생각의 크기만큼 생각한다는 말이 있듯이, 나의 지식과 생각의 크기가 장차 내 업(業)의 크기가 될 것입니다.

남의 이득을 크게 하려고 하면 내 생각도 커지고, 남의 이득을 조금만 내주겠다고 하면 내 생각의 크기도 덩달아 작아집니다. 따라서 생각의 크기를 자꾸만 키워야 합니다. 처음엔 생각의 크기가 사업의 크기이지만, 생각의 크기, 사업의 크기, 삶의 크기가 자연스럽게 이어질 것입니다. 그럼, 생각의 크기를 어떻게 키워야 할까요?

저는 다음의 두 방법을 주로 사용합니다.

첫째, 수많은 정보 중 유용한 정보를 선별하는 능력을 키웁니다. 지금은 너무나 많은 공부거리, 가십거리들이 흘러넘치고 있습니다. 그 과잉정보 중에 무엇을 선택하고 무엇을 버려야 할지를 정하는 건 쉬운 일이 아닙니다. 그러므로 나에게 맞는 정보를 취사선택하는 것 역시 이제는 능력 중 하나가 되었습니다. 누군가는 이걸 '통찰'이라고 부르더군요.

중요한 것은 선별하는 능력, 통찰이 쌓이면 그것이 삶의 크기를 결정하는 데 큰 역할을 한다는 겁니다. 통찰력은 갑자기 생겨나지 않습니다.

타고난 능력을 갖춘 소수의 능력자를 제외하고, 사람들 대부분은 평상시 듣고 익히고 기록하고 소통하는 일상생활에서 통찰력을 기릅니다. 그래서 저는 "요리의 8할은 손질"이라는 표현을 좋아합니다. 똑같은 재료라도 요리하는 사람의 숙련도와 요리방법에 대한 통찰에 따라 음식의 형태와 맛이 변하기 때문입니다.

둘째, 상상력을 사용하여 질문의 질을 높입니다. 첫 질문이 어려워서 그렇지 우선 첫 번째 질문을 던지면 그 다음 질문은 좀 더 쉽고 자연스럽게 나오는 경험이 한 번씩은 있을 것입니다. 질문도 하다 보면 자신감이 생기고 생각하는 능력, 질문하는 능력이 늘게 됩니다.

좋은 경영지도사로
성장하기 2

1. 소기업, 소상공인의 현안과 극복방안

이 글을 쓰기 시작했을 때는 코로나19가 정점을 찍던 시기였습니다. 대기업, 중견·중소기업에 비해 소상공인의 어려움이 더욱 컸는데, 왜 소상공인들의 위기가 더 가혹했을까요?

개인적으로 다음과 같은 세 가지 이유를 꼽아봅니다.

첫째, 코로나19 장기화로 인한 경영유지의 어려움. 코로나19 확산으로 인해 중소기업 이하 소기업, 특히 소상공인의 고용유지에 큰 충격이 발생했습니다. 하지만 이를 극복하기 위한 고용유지 프로그램이나 컨설팅은 오히려 미비했습니다. 하지만 이런 구조적 한계는 근본적인 개선이 쉽사리 되지 못할 것입니다.

둘째, 위기 대응능력 부족. 중소기업 이하 기업들은 내부 인적자원이 많지도 않을뿐더러, 장기근속 직원이 적어 위기대응 능력이 부족할 수밖에 없습니다.

셋째, 단기성 지원. 전국민 재난지원금, 소상공인 손실보상금 같은 정부의 지원책이 제공되었지만, 중장기적 고용안정과 기업활동 유지에 필요한 근본적 해결책이 되지 못했습니다.

결국, 이런 현장에서 경영지도사의 역할이 많이 필요해질 것으로 예측합니다. 그렇다면 어떤 방향으로 준비를 하는 것이 좋을까요?

1) 코로나19가 불러온 omni-store로의 사업모델 촉진

코로나19로 제일 큰 피해를 본 곳은 오프라인 고객축소 및 야외활동 감소로 in-store 판매에 중점을 두었던 소매업입니다. 코로나19를 겪으면서 나타난 사회변화 중 제일 커다란 변화가 있다면, '거리 두기'와 '사업구조 재편'일 겁니다.

거리 두기

1. 물리적 거리 두기

다닥다닥 붙어 있는 탁자에 빼곡히 앉아 있기가 불편해진 시대입니다. 약간의 거리를 둔 물리적 편안함은 새로운 트렌드로 자리 잡을 것입니다.

2. 딜리버리 생태계 확장

음식배달 같은 물리적 실체의 제품만 딜리버리하는 게 아닙니다. 오프라인 모임을 줌 회의로 대체하고, 독서와 강의를 유튜브나 테드 강의로 대체하는 데이터 딜리버리가 일상화되었습니다.

> **사업구조 재편**
>
> **1. 비대면 일상화**
> 물리적 모임 없이 비대면 생활이 가능하다는 걸 알게 되었습니다. 데이터 용량 확대와 처리속도 향상 등 테크놀로지 발전이 큰 역할을 했습니다.
>
> **2. 위생·안전·환경에 대한 인식의 변화**
> 환경재해 및 자연보전, 위생과 안전에 대한 인식의 변화는 기업의 사회적 책임으로 연결됩니다. 결국 ESG 화두는 시간의 문제일 뿐, 결국 대기업, 중소기업 모두의 당면과제가 되었습니다.

경영지도사에게 코로나19 같은 급격한 변화는 언제라도 발생할 수 있습니다. 따라서 경영지도사는 이런 변동성에 당황하지 말고 가용가능한 정보를 최대한 확보해서, 수진기업의 컨설팅에 반영해야 합니다. 코로나19는 우리에게 고통스러운 경험이었지만, 이 코로나19로 겪은 변화들은 이미 예고되었던 것들입니다. 단지 코로나19로 인해 가속화되었을 뿐이지요. 코로나19가 아니더라도 앞으로 20여 년간 인류는 전례를 찾기 어려운 특이점을 거듭 경험하게 될 것입니다. 그러나 새로운 시대에 괴로움만 있지 않을 거라고 저는 믿습니다.

2) 디지털 전환

4차 산업혁명, 각 산업군의 핵심기술의 빠른 발전, 데이터 용량과 처리속도 향상으로 지금 우리가 사는 시대는 더욱 발 빠르게 변모하고 있습니다. 인공지능 기술과 사물인터넷 기술이 더욱 일상생활 속으로 파고들면, 디지털 전환을 하지 못한 기업은 생존하기 어려울 것입니다.

소기업, 소상공인은 중견, 대기업보다 자본, 속도, 인력의 모든 면에서 디지털 전환의 속도차이가 확연히 벌어지는 상황입니다. 소매업에 주력하는 소상공인이라면 온라인 사업병행을 추진해야 합니다. 제조업에 주력하는 소상공인이라면 스마트팩토리(제품의 조립, 포장 및 기계 점검 등 모든 과정이 자동으로 이루어지는 공장)로의 전환이 필요합니다.

스마트팩토리는 사업의 규모를 불문하고 필수적입니다. 소기업은 인력을 구하기 힘들기 때문에 절실하고, 중소·대기업은 자원의 분배, 노사문제가 큰 이슈이기에 역시나 스마트팩토리를 통한 생산효율성이 비즈니스 문제해결의 주요 포인트가 될 것입니다.

> **디지털 전환**
>
> 디지털 전환은 변화하는 비즈니스 환경과 시장 요구를 충족하기 위해 디지털 기술로 기존의 비즈니스 프로세스, 문화, 고객경험을 개선하거나 새롭게 창출하는 과정입니다. 디지털 시대의 이러한 비즈니스 재구성을 '디지털 전환'이라고 합니다.
>
> 출처 : "디지털 전환이란 무엇일까요?", 『Salesforce』. 2022. 01. 17.

3) 판로 확대

지금까지의 판매채널만 고수한다면 시장 파이는 오히려 줄어들게 됩니다. 내수만 했다면 수출까지 생각하고, 오프라인만 했다면 온라인으로 확대하고, 단일 아이템이었다면 추가 아이템을 기획하고, 다수 아이템이었다면 제품수명 주기를 분석해 제품별 전략을 세우는 등 성장판에 계속 자극을 주어야 합니다.

비대면으로도 충분히 일상생활이나 업무가 가능하단 걸 알아버린 지금, 기존의 생산성과 사업실행만으로는 시장의 불균형을 이겨낼 수 없습니다. 판로 확대라고 소제목을 지었지만 실제로는 성장 인프라를 구축해 가는 과정이 필요합니다.

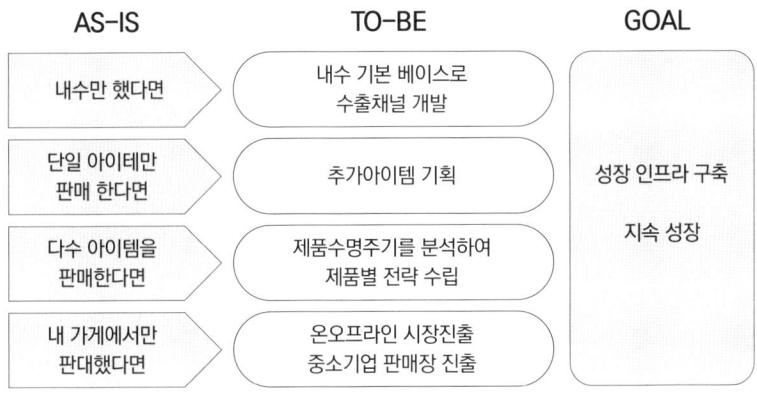

4) 소상공인의 위기극복 방안

앞에서 3가지 방향을 제시했지만, 인적·물적 인프라가 절대적으로 부족한 소상공인이 성공을 거두기 위해서는 정부정책과 동행해야 합니다. 경영지도사는 소상공인과 정부정책의 연결고리 역할을 하고 자본의 한계를 온라인 비즈니스로 특화시켜야 합니다.

정부의 기존 소상공인 지원정책은 주로 소상공인 금융지원, 컨설팅 및 교육, 시설개선 등 소상공인 개인과 오프라인에 초점을 맞춰왔습니다. 그러나 2020년 이후 소상공인 지원정책은 디지털 전환을 핵심 키워드로 하는 스마트상점 기술보급, 스마트 소상공인 육성정책 등으로 변화하고 있습니다. 경영지도사라면 정부의 스마트 소상공인 양성과 관련된 비즈니스 지원사업을 염두에 두어야 합니다.

소상공인 온라인 비즈니스 지원사업

지원 분야	사업내용
온라인 판로	• 소상공인 32만 명을 대상으로, 온라인 기획전·쇼핑몰, 라이브커머스 입점 등 지원 및 구독경제 시범사업 추진(연 5,000건)
스마트화	• 5G·AI 기반 스마트기술을 소상공인 사업장에 적용한 스마트상점 10만 개 및 스마트공방 1만 개 구축 • 키오스크, 서빙로봇, QR코드 등 비대면 주문·결제 시스템 도입 등 소공인(10인 미만 제조업) 대상 기초단계 스마트기술 도입

출처 : 관계부처 합동(2020.07.14.) 한국판 뉴딜 종합계획

2. 컨설팅 기업의 장점 살리기

컨설팅을 받는 기업이 꽤 괜찮은 자원을 보유하고 있는 걸 발견할 때가 있습니다. 다만 우량자원을 보유하고 있는 것과 해당 자원을 시장에 잘 알리는 것은 다른 영역입니다. 경영지도사는 컨설팅을 하면서 해당 기업의 장점을 외부에서 알 수 있도록 해야 합니다.

첫째, 눈에 보이지 않는 것을 보이게 만들어라.

교과서적인 이야기지만 사람의 심리를 이용해 제품이나 서비스를 알리거나 홍보하는 것은 좋은 마케팅 방법 중 하나입니다. 사람 심리를 이용한 마케팅을 제일 잘하는 업종 중 하나가 보험업종입니다. 예를 들어, 보험영업은 대표적인 공포 마케팅의 사례입니다. 눈에 보이지 않는 위험을 숫자로 표시해 불안과 공포를 일으키고 계약을 성사시키는 것입니다. 물론 공포 마케팅이 모든 수진기업에게 효과적인 건 아닙니다.

현재 가장 이슈가 되는 마케팅인 그린마케팅도 심리를 이용한 마케팅입니다.

- 매장 청결은 구체적으로 얼마나, 어떻게 신경 쓰는가?
- 원재료가 유기농, 저농약, 공정무역인가?
- 제품 제조과정은 얼마나 환경친화적인가?

설명하거나 시각화하지 않으면 묻혀버리는 이 노력은 POP만 활용해도 충분히 소비자에게 어필할 수 있습니다. 최근 우리 주변에서 쉽게 그린마케팅을 찾아볼 수 있습니다. ESG(기업의 비재무적 요소인 환경(Environment)·사회(Social)·지배구조(Governance)를 일컫는 용어) 트렌드의 영향으로 그린마케팅은 주목받는 마케팅이 될 것입니다.

> **그린마케팅(Green Marketing) VS 그린슈머(Greensumer)**
> - 그린마케팅이란 "기존의 상품판매 전략이 단순한 고객의 욕구나 수요 충족에 초점을 맞추는 것과는 달리, 자연환경 보전, 생태계 균형 등을 중시하는 시장접근 전략으로 인간의 삶의 질을 높이려는 기업활동을 포괄적으로 지칭"합니다.(『매일경제용어사전』)
> - 그린슈머는 환경을 위한 지속가능한 생활용품을 구매하는(혹은 구매의사가 있는) 소비자를 말합니다.

둘째, 고객의 평가, 고객 후기를 활용해라.

다른 사람의 의견을 반영하여 구매하는 소비자가 많은 게 현실입니다. 그러나 실제 매장에서 소비자가 다른 소비자의 평을 확인하기는 쉽지 않습니다. 제품이 고민이 될 때 참고할 수 있는 도구가 있다면 구매결정에 도움이 될 것입니다.

이럴 때 사용고객의 평가나 고객후기를 미리 프린트해서 제품 옆에 설치하는 것은 좋은 방법이 됩니다. 점포에서 구매후기나 만족도를 검색하는 데에는, 단순하게 제품정보를 알고 싶다는 욕구를 넘어 제품구매 후 발생할 수 있는 인지부조화를 피하고 상품가치를 제대로 평가하여 구매하겠다는 안전심리가 깔려 있습니다. 그만큼 구매 의사결정 과정에서 중요하기 때문에 이를 잘 활용하면 판매증진에 효과가 좋습니다.

온라인 구전

1. MOT(Moment Of Truth)

MOT는 현장에서 고객과 접하는 최초의 15초를 의미하는 용어입니다. 고객접점 관리의 중요성을 강조하는 말로, 처음 해당 용어가 나왔을 때는 오프라인에서의 고객만족을 위한 전통적 구전정보의 마케팅 용어였습니다.

2. 온라인 구전

IT와 각종 온라인 커뮤니티의 발달로 전통적인 MOT보다 온라인상에서 구전되는 E-MOT가 더욱 활발해졌습니다.

온라인 구매후기

1. 구매 직전 가장 많이 참조

구매를 계획한 소비자는 구매 직전에 구매후기를 가장 많이 참조합니다.

2. 제품 만족도 외에도 제품을 받기까지의 전 과정에 대한 후기로 변화 중

초기 온라인 구매후기는 제품에 국한된 만족도가 주 내용이었지만, 현재는 상품검색의 편의성, 배송속도, 패키징까지 광범위하게 긍정·부정 반응을 올리고 있습니다.

3. 컨설팅 시장 예측

확실히 이야기할 수 있는 것은 앞으로 10년 후에도 컨설팅 시장은 변함없이 성장해 있을 것이라는 점입니다.

1990년대만 하더라도 기업은 주 6일제 근무제였습니다. 2000년 초반에는 주 5.5일제 근무였고 그후에 격주 근무, 그리고 주 5일제 근무로 변화했습니다. 지금은 법에서 주 52시간 넘지 않는 것을 규정하고 있습니다. 현재 일부 핀테크 회사와 엔터테인먼트 기업에서 주 4일제 근무를 하는 곳도 생겨나고 있습니다. 일하는 근무일수가 줄어들수록 여가생활은 늘어나고, 이와 관련한 창업·사업 기회는 더욱 늘어날 것입니다. 아래와 같은 상황을 예측해볼 수 있으며, 이로 인해 컨설팅 시장은 확대시장이 될 것입니다.

- 미국, 독일과 같은 창업장려 분위기가 지속확대되면 공공주도의 창업 컨설팅 수요는 물론 민간주도의 경영 컨설팅도 수요 증가
- 사업위험을 줄이기 위해 컨설팅을 받고자 하는 수요 증가
- 스마트 기술과 마케팅을 융합하는 컨설팅 수요 증가
- 경쟁심화로 인한 신성장 동력산업의 창출과 육성에 관한 관심 증가
- 경영환경의 복잡성 증가로 전략 컨설팅, 조직 컨설팅, 위험관리 컨설팅, 진단 컨설팅 등 복합수요가 증가

그렇다면 어떤 기업이 컨설팅을 의뢰할까요? 감히 판단하건대, 사업을 하는 모든 주체가 컨설팅 의뢰 대상입니다. 일정 규모 이상의 기업을 다

중소기업 컨설팅 시장 규모 증가 추세 전망

- 경영지도 및 진단 전문가(경영지도사)는 한국직업능력개발원이 10년 후 보수가 높아지고 일자리 수요가 많아질 직업으로 고령 친화성이 높다고 전망한 37개 직업 중 하나입니다. 경영지도사는 중소기업의 경영에 대한 △종합진단(경영 컨설팅)과 자문 △상담 △조사 △분석 △평가 등의 법정업무를 수행하는 국가 전문자격사이다.
- 김선경 대한상공회의소 중장년 일자리희망센터 수석컨설턴트는 "경영지도사 자격증이 있으면 중장년이 경력을 활용해 전직하는 데 유리하다."라고 말했다. 특히 기업경영의 거의 모든 부문을 경험해본 중장년이라면 해당 분야의 업무경험이 없는 대학생에 비해 더욱 유리할 수 있다고 덧붙였다.
- 김광호 호서대 벤처전문대학원 평생교육원 경영지도사과정 책임교수는 "그동안 쌓은 직장경험을 바탕으로 퇴직 후 바로 직업으로 연계할 수 있는 자격증이 경영지도사"라며 "재취업 등 인생 이모작을 준비하는 이들에게 적합한 자격증으로 사전에 경영학 석·박사와 국가공인자격증을 준비하면 좋다."고 설명했다.

출처 : 『아시아투데이』 2015. 03. 27.

녀봤다면, 외부 컨설팅을 받아본 경험이 한두 번씩은 있을 것입니다. 그 당시 저는 이런 생각을 했습니다. "내부사람만큼 해당 업종과 내부사정을 아는 사람이 없는데 차라리 TF를 만들어서 우리끼리 해결하는 게 좋지 않을까?" 하지만 내부인력의 경우, 우호적 편향과 내적 합리성을 가질 수밖에 없다는 사실을 인정하게 되었습니다. 반면 외부 컨설턴트나 컨설팅펌의 경우, 객관적인 시선을 유지할 수 있고 이미 동종기업에 관한 프로젝트 진행사례가 있으면 더욱 높은 신뢰성을 갖게 됩니다.

컨설팅을 의뢰하는 기업은 현재 상황이 좋지 않을 확률이 높습니다. 내부적으로 해결하려고 여러 방법을 시도한 후에 컨설팅을 의뢰하는 경우가 많기 때문에, 이론보다는 실질적이고 현실적인 방안을 제시해야 합니다.

참고로 회사별로 컨설팅을 의뢰하는 배경은 조금씩 다른데, 보통 다음의 두 가지 이유가 제일 많습니다.

기업생존 및 기업변화

1. 생존을 위한 외부전문가 활용

내부변화로는 부족해 외부전문가 집단에 의뢰하는 경우로 해당 기업의 지식 비대칭 해소 및 전략의 효율성 제고를 위해 진행한다.

2. 지식·프로세스의 형식지화 및 기능조직의 효율성 극대화

컨설팅 기업으로부터의 전문지식과 합리적 프로세스를 제안받아 암묵지로 행해지던 지식 전수를 형식지로 전환하며 가치사슬별 기능조직의 효율성을 극대화하기 위함이다.

3. 회사의 턴어라운드를 위해

자금력과 사업 규모가 큰 대기업에서 회사의 턴어라운드를 위해 의뢰하는 경우. 예를 들어, 한 회사는 10년 내 5배 매출 성장을 위한 턴어라운드를 위해 거금을 주고 컨설팅펌에 의뢰한 적이 있다.

정당성 확보

1. 변화에 대한 정당성 확보

기존 업무 관성에 너무 젖어든 경우, 내부적 변화노력에도 확산이 안 되는 경우, TOP-DOWN으로 실행될 때 강한 내부반발이 예상될 때는 외부전문가 컨설팅의 공정성과 공신력을 활용하여 정책과 전략의 정당성을 확보하려 한다.

2. 변화 실패 시 경영진 책임 축소

컨설팅 안에 근거해 변화했음에도 성과를 내지 못할 경우, 경영진의 책임 축소를 위해 컨설팅을 의뢰한다.

기업진단 컨설팅 결과보고서 작성 시 고려해야 할 점

- 기업진단을 하고 나서 마무리 개선보고서를 작성할 때 어려운 점 중 하나는 현업부서와 관리부서의 업무 및 역할 정의입니다. 관리부서는 위험관리 부서의 성격도 지니고 있어 현업부서의 영업, 생산활동을 관리, 감독, 제어하는 역할도 겸하고 있습니다. 현업부서의 경영활동이 회사가 규정한 위험을 초과하지 않도록 관리하고 신규거래, 신규상품 개발 시에 초래할 수 있는 위험을 사전에 검토하여 통제하고 수위를 조절하는 역할을 하게 됩니다.

- 하지만 현업부서의 입장에서는 관리부서의 의사결정에 동의하지 못할 수 있고 사업 유지나 확장의 기회를 놓칠 수도 있으므로 서로의 입장차이가 불편해질 수 있습니다. 상품의 구조가 복잡하고 시장생태계가 얽혀 있을수록 양쪽 부서의 첨예한 대립은 더욱 자주 발생합니다. 회사의

내규를 정립해주는 컨설팅도 필요하지만, 양 부서가 시장 확대와 시장 리스크에 대해 서로 논의할 수 있도록 공개적이고 정기적인 자리를 마련해야 하는 이유입니다.

컨설팅을 의뢰한 기업대표의 생각

혼자서 사업을 일군 경영자라면 기업탄생 시점부터 지금까지 전 방면에서의 업무를 진두지휘한 사람일 것입니다. 나이가 들어 신체기능이 저하되면 의료기구나 도우미의 도움이 필요하듯, 경영자 역시 이제는 혼자 힘으로 해결하기 어렵다고 판단해 컨설팅을 의뢰했을 것입니다.

회사의 많은 의사결정이 해당 경영자에 의해 결정되는 만큼, 경영자는 많은 경험을 바탕으로 다방면의 지식이 있어야 적절한 결정을 할 수 있습니다. 하지만 대표 혼자서 사업의 전체영역을 꿰뚫고 있기는 쉽지 않고, 다 알아보고 결정을 내리기 위한 시간적 여유도 없습니다.

컨설팅을 의뢰한 기업의 대표로서는 경영지도사에게서 선택과 집중을 할 수 있는 답안지를 받고 싶어 합니다. 그러기 위해서 컨설턴트는 기업대표가 중요시하는 부분을 먼저 파악해내어, 컨설팅 과제를 수행할 때 이를 우선순위로 두는 전략이 필요합니다.

컨설팅 제안서 작성 시 유의사항

- 컨설팅 진행 중 기업대표는 한꺼번에 많은 것을 원할 수도 있고, 선택과 집중을 통한 신속한 문제해결을 원할 수도 있습니다. 원하는 바를 명확히 하기 위해 컨설팅 제안서 작성 시 아래와 같은 사항에 대해 합의를 해야 합니다.

- 컨설팅 제안서 작성 시 5대 유의사항

  WHAT : 어떤 결과물을 만들 것인가?

  HOW : 어떤 방법, 어떤 절차로 컨설팅을 진행할 것인가?

  WHEN : 컨설팅은 언제부터 언제까지 할 것인가?

  WHERE : 컨설팅 영역은 어디에서 어디까지인가?

  WHO : 컨설팅 진행 시 협력자, 협력부서는 어디까지인가?

4. 경영지도사의 자산과 비용

"부자는 자산을 사고 빈자는 비용을 지출한다."는 말이 있습니다. 자산은 주식, 부동산, 금융상품 등 현재가치보다 미래가치가 불어나는 것들입니다. 비용은 자동차를 샀는데 해가 지날수록 감가가 된다면 이게 비용입니다. 즉, 비용은 미래가치를 증가시키지 못하고 수익을 불려주지도 않습니다.

부자는 비용보다 자산을 많이 가진 사람들입니다. 경영지도사가 되기로 했다면 부자가 되어야 합니다. 부자는 금융·비금융 자산을 많이 가지고 있는 사람을 지칭하지만, 경영지도사의 자산은 지식과 경험의 양입니다. 중요한 것은 사회추세, 주변동향, 소비자의 관심이 어디로 향하는지를 정기적으로 조사하고 전문집단과의 교류도 병행하는 자산이어야 한다는 것입니다.

경영지도사 자격증은 획득했지만, 자격증을 활용하지 않는 것 역시 비용에 해당합니다. 이를 자산화하는 방법은 무엇일까요? 매일 책을 읽고, 세미나에 참석하고, 외부사람들과 정기적인 모임을 갖는 것이 대표적인 방법입니다.

저는 주말을 적극적으로 활용합니다. 킨텍스, 코엑스에서는 1년 52주에 걸쳐 매주 전시회·박람회가 진행됩니다. 사전등록을 하면 무료입장이 가능한 전시회가 많습니다. 주말엔 전시회·박람회에 참석하여 산업 트렌드 및 IT, BIO 등 여러 신기술을 알아가고 있습니다.

비용을 언급한 김에, 한 가지 더 말할 게 있습니다.

수진기업을 만날 때 어떤 복장이 좋을까, 요즘은 노타이 차림이 일반화되었으니 편하게 입고 가도 되지 않을까, 넥타이까지 매고 가면 너무 오버하는 것 아닐까? 이런 생각이 들 때가 종종 있을 겁니다.

저는 이렇게 생각합니다. 만약 복장문제로 고민이 되는 장소라면 세미정장 이상으로 준비합니다. 슈트는 신뢰감을 주고 지적인 느낌도 줄 수 있어 애용합니다. 노점상에서도 정식 셰프 옷을 입고 단추를 목까지 채운 채 요리하는 분들이 보입니다. 절대 편한 복장은 아닌데, 왜 그렇게 단추까지 꽉꽉 채워서 입고 일을 할까요? 바로 옷으로 전문성을 표현하기 위해서입니다.

경영지도사는 국가 전문자격사입니다. 편한 등산복을 입었을 때와 갖춘 정장을 입었을 때, 어느 쪽이 수진기업에 대한 예의를 갖췄지는 자명합니다. 이를 알면서도 복장에 신경 쓰지 않는 것은 본인의 신뢰감을 떨어뜨리는 비용을 지출하는 일입니다.

자격증 따면 끝?

자격증이 자격증의 역할을 제대로 하지 못하는 이유 중 하나는 일회성에 그치기 때문인 경우가 많습니다. 자격증을 획득하는 목적은 보통 다음의 세 가지 이유로 압축됩니다.

- 현장은 알지만, 이론을 뒷받침하여 업무의 깊이를 더하기 위해
- 전문자격증으로 제2의 인생을 준비하기 위해
- 취업·승진 시 유리하기 위해

그중 장롱 면허증으로 가는 제일 많은 사유가 마지막 3번째입니다. 단순히 취업과 승진에 유리하기 위해서 자격증을 얻게 되면, 목표를 이룬 순간 급속히 공부동기가 사라지고 다음과 같은 상황이 발생합니다.

- 자격증 다량취득이 목표로 또 다른 자격증 취득 사냥에 나섬
- 자격증 소지자들간의 네트워크 형성 기회 상실
- 공부한 내용을 직무와 연결해서 사고의 범위를 확대하지 못함

따라서 제일 좋은 자격증 획득 과정은, 첫째, 현장경험과 업무 지식을 바탕으로 자격증을 획득하는 것, 둘째, 자격증 획득 이후에 반드시 관련된 실무경험을 해보는 것입니다.

자격증은 최소한의 진입장벽을 넘을 수 있는 공식적인 입장권 정도로 받아들이고, 합격 후에도 계속 노력해야 합니다. 공인중개업을 하기 위해서는 공인중개사 합격이라는 공식적인 입장권이 있어야 하는 것과 마찬가지입니다. 경영지도사 역시 경영지도사를 합격한 사람에 한하여 공공기관의 경영 컨설팅이나 정부 바우처 사업 등에 신청할 수 있는 공식적인 입장권을 받게 됩니다. 입장권을 가진 모든 사람에게 허가권이 주어지는 것은 아니지만, 허가권을 얻기 위한 최소한의 진입장벽을 넘기 위해서는 자격증 취득이 필요합니다.

하나의 자격증을 획득하면 지금껏 알지 못하던 직업의 세계, 사업의 세계를 알게 됩니다. 저 역시 자격증을 획득한 이후 들리는 정보에 열린 시각을 가지고 이것저것 다방면으로 알아보는 시간을 보냅니다. 조직 내에서 주어진 일만 할 때는 생각도 못 한, 처음 접하는 세계의 하나하나가

무척 재미있고 흥미롭습니다.

과거 노력의 결과물로 인해 현재의 결과물이 나옵니다. 과거 노력으로 자격증이라는 현재의 결과물이 나왔으니, 또다시 몇 년 후에 현재의 결과물이 나오도록 지금을 준비해야 합니다. 만약에 늦게 시작했다면 미래의 결과물을 바꾸기 위해서는 그만큼 시간이 부족할 것입니다. 그렇다면 현재의 노력을 남들보다 몇 배는 더 해야 할 것이고요. 미래를 위한 준비는 빠를수록 좋습니다.

> **원인이 있어야 결과가 나온다**
>
> - 무조건 노력한다고 누구나 원하는 결과를 얻는 것은 아니지만 input이 있어야 output이 나오는 것처럼, 원인이 있어야 결과가 나옵니다. 시도조차 하지 않으면 아무 일도 일어나지 않습니다.
> - "산을 움직이려 하는 이는 작은 돌을 들어내는 일로 시작한다." (공자)

아는 것과 행하는 것의 차이

기업을 방문해서 문제를 진단하고 컨설팅을 하더라도, 혹은 컨설팅 결과로 정부지원금을 받아 자금에 여유가 생겨도 기업 상황이 나아지지 않을 수 있습니다. 어쩌면 현재 상황이 악화하는 것을 막기만 해도 다행이라고 할 수 있습니다.

컨설팅을 할 때는 방향성에 맞는 실행을 할 수 있도록 컨설팅하는 것이 중요합니다. 컨설턴트는 일을 열심히 하도록 하는 게 아니라, 잘하도록 이끄는 역할이라고 생각합니다.

컨설팅 결과에 영향을 주는 요소에는 아는 것과 행하는 것의 차이도 한몫합니다. 행하는 것은 매우 힘들고 지속하기가 어렵습니다.

누가 봐도 좋은 컨설팅이 나왔지만 좋은 결과물로 이어지지 못하는 것은 행동으로 옮겼냐, 안 옮겼냐가 큰 역할을 합니다.

좋은 경영지도사로 성장하기 3

1. 경영 컨설팅의 첫 시작과 범위 압축

경영의 대가 피터 드러커는 우리가 하는 사업이 과연 무엇인가를 파악하기 위해 다음과 같은 질문을 던진다고 합니다.

첫째, 누가 우리의 고객인가?
둘째, 고객은 무엇을 구매하는가?
셋째, 고객이 가치가 있다고 생각하는 것은 무엇인가?

저는 컨설팅 기업과 첫 대면 때 주로 다음과 같은 질문을 하는데 주요 목적은 컨설팅 수행분야의 범위 압축을 위해서입니다.

> **Consulting Question**
>
> **1. 이 기업은 어떤 컨설팅이 필요한가?**
>
> B2B인지, B2C 기업인지에 따라 컨설팅 방향이 달라진다.
>
> 컨설팅 정의 및 분야, 범위 압축에 따른 목표설정이 필요하다.
>
> **2. 이 기업에 필요한 컨설팅을 위해 무엇을 해야 하는가?**
>
> 기업진단을 위한 컨설팅 요소와 모형을 설계한다.
>
> 측정 가능한 척도개발 및 컨설팅 프로세스를 수립하여 실행절차를 제안한다.
>
> **3. 컨설팅 진행과정 및 결과에 대한 기업경영자의 불안요소는 무엇인가?**
>
> 컨설팅 시작 전에 경영자의 불안요소에 대해 충분히 대화하고 파악한다.
>
> 선행 연구자료를 조사하고 동종업계, 이종업계의 상황을 조사한다.

특히 신입 경영지도사의 경우에는, 컨설팅 범위 압축이 무척 중요합니다. 의욕만 앞서는 경우, 자신의 능력을 넘어서는 컨설팅 수행범위를 받아야 하는 경우가 비일비재하게 발생하게 됩니다. 내가 할 수 있는 분야, 할 수 없는 분야를 명확히 해야 하며, 수진기업의 대표가 많은 것을 요구하게 되면 단기간 목표와 중장기 목표로 나누어 컨설팅 정의 및 범위 압축을 해주어야 합니다. 저의 실제 사례로 모 수진기업 대표와의 첫날 미팅시 나왔던 내용을 적어드립니다.

"우리는 그 동안 내수사업만 해 왔는데 해외진출을 해서 사업확장을 하고 싶습니다."

"해외마케팅도 하고 싶고 해외바이어도 발굴하고 싶습니다."

"내수사업도 정체 상태인데 돌파구를 제시해 주었으면 합니다."

"정부지원제도가 많다고 들었는데 활용해보고 싶습니다."

"마케팅 비용을 적게 들이면서 최대의 효과를 내고 싶습니다."

"어떤 국가로 진출해야 할지도 고민인데, 컨설턴트는 어떤 방법을 사용하는지 알고 싶습니다."

"현재 해외마켓 테스트로 아마존에 입점해 있는데 매출이 높지 않습니다. 이유가 무엇인지, 해결책은 어떻게 있는지 알고 싶습니다."

"해외 온라인 플랫폼에 어떻게 입점해야 하고, 어떻게 홍보해야 하는지 배우고 싶습니다."

"현재 가지고 있는 특허가 ○○개 있습니다. 부족한 특허가 무엇인지 어떤 인증을 준비해야 하는지 알려주세요."

"과거에 어떤 컨설팅 이력이 있었는지 성과는 어떠하였는지 알려주세요."

이 모든 대화가 수진기업과의 첫 상담시에 나왔던 요청사항입니다. 컨설팅 범위 압축이 왜 중요한지를 단편적으로 이해하실수 있을 것입니다. 자격증을 갓 취득한 지도사가 좋은 경영지도사로 성장하기 위해서는 모든 것을 다 하려 하기보다는 범위를 압축하여 나도 만족하고 수진기업대표도 만족하는 결과를 얻어내는 것이 필요합니다. 해당 수행과제가 만족되면 자연스럽게 추가 수행과제로 이어질 가능성은 자연스럽게 높아지게 됩니다.

2. 경영 컨설팅 상담

1) 상담 현장에 도착 시 준비된 모습을 보여줘라

미리 도착해서 호흡을 가다듬고 옷매무새를 살펴보고 상대방과 만나야 합니다. 준비된 모습은 좋은 인상을 주기 때문입니다.

2) 리더가 바뀌었을 경우 조직 컨설팅

조직의 리더가 바뀌게 되면 제일 먼저 하는 작업은 조직개편, 인사개편입니다. 진취적이고 능력 있는 인재를 중심으로 인력을 재배치하고, 연간목표성장률, 3개년 계획, 매출증대 등을 새롭게 세웁니다. 조직이 대규모로 바뀌는 만큼, 이때가 외부 컨설팅을 많이 고용하는 때입니다. 따라서 컨설턴트에게는 기업대표가 바뀌는 때가 컨설팅을 계약할 기회이기도 합니다.

3) 상담이 끝난 후

컨설팅 최종보고서를 내기까지의 과정에는 에너지가 많이 소모됩니다. 사람을 상대하면서 진이 빠져서입니다. 그런데 상담 끝나고서도 긴장을 풀면 안 됩니다. 상담 시 분위기, 오고 가는 대화에서 언뜻 스쳐 갔던 영감, 느낌, 해결 방법에 대해 순간순간 떠올랐던 아이디어를 메모해 생각을 키워나가야 합니다. 이를 바탕으로 쓰인 보고서야말로 천편일률적인 보고서가 아닌 해당 기업에 대한 맞춤형 보고서입니다.

때로는 첫 번째 상담결과가 좋지 않게 나올 수도 있습니다. 최악의 경우, 후속 미팅이 잡히지 않습니다. 이런 경우 억지로 2차 미팅을 잡거나 계약을 따내기 위해 무리수를 두면 안 됩니다.

대표적인 무리수 사례는 다음과 같습니다.

- 곤란한 상황을 뒤집기 위해 실행하지 못할 공언을 하는 행위
- 컨설턴트의 역량을 지나치게 부풀리거나 과장하는 행위
- 계약을 따내기 위해 마이너스 수입구조로 단가를 부르는 행위

초반 실패의 두려움 극복

누구나 실패를 두려워합니다. 경영진단 종료 후 혹은 경영 컨설팅을 종결한 시점에서 돌아보니 진단과정 및 처방이 잘못되었다고 가정해보겠습니다. 이 경우는 "보고서에 오타가 있으니 수정해서 다시 제출하겠습니다." 또는 "제가 그때는 생각을 잘못했는데 다시 시간을 주시면 바로잡겠습니다."라는 사과 정도로 넘어갈 수 있는 상황이 아닙니다.

물론 경영 컨설팅 사업 내내 성공만 하는 비결이 있습니다. 첫째, 기업 컨설팅을 아예 시도도 안 하는 겁니다. 둘째, 나와 친분이 있는 수진기업만 골라서 컨설팅하는 방법입니다. 그렇지만 이런 삶을 원하는 경영컨설턴트는 많지 않을뿐더러, 설령 있더라도 이렇게 적은 수의 컨설팅 실적으로 생활을 영위하기는 힘듭니다. 중간마다 어려움이 있고 생소한 분야를 만나더라도 더 많은 성공, 더 좋은 결과를 만들기 위해 겪어야 할 과정이라고 생각해야 합니다. 컨설팅 사업을 시작할 때 우리는 다음 세 가지를 꼭 명심해야 합니다.

첫째, 지금은 수익이 안 되더라도 모든 상담과정은 앞으로의 성공을 거두기 위한 중간과정으로 인식해야 합니다.

둘째, 실패를 최소화하기 위해 평상시에 전문 분야뿐 아니라 주변 산업의 변화와 사회문화 트렌드에 관심을 기울여야 합니다.

셋째, 유사한 상황에서 같은 실패를 두 번 이상 하지 않아야 합니다.

저를 포함한 모든 경영지도사가 초반 실패를 두려워하지 말고 그 실패를 통해 더 많이 지속성장할 기회로 삼기를 바랍니다.

상담 시 유용한 사회문화 변화

첫째, 부동산 경기가 어떤지 촉각을 세워두면 좋은 상담소재가 됩니다. 부동산 동향과 은행과 관련된 산업의 성장 및 둔화는 서로 밀접한 관계가 있어서, 동향을 알면 시장예측을 할 수 있기 때문입니다. 예측되면 준비를 할 수 있습니다. 어떤 관련이 있을지 보겠습니다.

개인(또는 기업)이 소유한 부동산이 무너지면 부동산대출과 관련된 은행업의 부실이 생기게 됩니다. 은행업의 부실이 생기면 은행에서 대출을 받은 기업에 자금압박이 생기게 되고, 결국 관련 산업이 무너지게 됩니다. 즉, 개인에서 시작한 부실이 기업의 부실, 산업의 부실로 이어집니다. 우리가 항상 부동산 관련 동향에 촉을 세워야 하는 이유입니다.

둘째, 인구변화입니다. 인구변화에 따라 산업의 성장과 기업의 미래 방향성이 바뀝니다. 인구감소에 따른 대표적인 위기산업으로는 의류패션 분야가 해당됩니다. 그중에서도 유·아동 기업이 제일 어려운 상황에 놓입니다. 인구가 줄어드는데 유·아동 판매가 좋을 리가 없고 판매가 좋지 않다면 생산량에 부정적 영향이 미치게 됩니다. 결국 공급망의 축소 및 인력 구조조정이 발생합니다. 반면 인구감소에 따라 성장하는 산업군도 있습니다. 대표적인 산업이 반려동물 산업, 실버산업입니다. 경영컨설턴트에게는 위기산업, 성장산업 모두가 컨설팅 대상 기업이며 고령화, 저출산, 결혼지연 등의 모든 사회적 이슈와 인구구조 변화가 사업영역이 됩니다. 누군가는 이런 현상을 방지하거나 개선하려고 하며, 신규로 시장에 진출하기도 합니다. 사회변화의 급속한 하강변화를 막기 위해 국가 주도로 3개년, 5개년 단위의 공공 컨설팅 역시 진행됩니다. 이런 사회적 현상은 결국 소비형태 변화와 소비시장의 변화를 초래합니다. 소비자를 상대하는 모든 기업은 변화에 맞추어 새로운 전략을 도입하고 새로운 시장진출 기회를 모색할 것이니, 이 역시 경영컨설턴트에게는 또 다른 기회가 됩니다.

셋째, 지식재산권 확보 유무입니다. 지식재산권은 지적재산권, 지적소유권이라고도 불립니다. 기업이 지식재산권을 가지고 있으면 유리한 점이 많습니다.

- 기업의 지식재산권을 이용하여 담보대출 가능 – 기업경쟁력과 더불어 자금을 대출받을 수 있다 보니, 기업에서는 특허권, 실용신안 등의 지식재산권 확보를 위해 노력 중입니다.
- 입찰, 납품, 사업제휴 등 유리하게 작용 – 정부 세제지원과 정책자금 지원을 받기에도 유리해집니다.

지식재산권과 대출

- 지식재산권(intellectual property, 知識財産權)은 발명·상표·디자인 등의 산업재산권과 문학·음악·미술 작품 등에 관한 저작권의 총칭이다.
- 인간의 지적 창작물을 보호하는 무체(無體)의 재산권으로서 산업재산권과 저작권으로 크게 분류된다. 산업재산권은 특허청의 심사를 거쳐 등록해야만 보호되고 저작권은 출판과 동시에 보호되며, 그 보호기간은 산업재산권이 10~20년 정도이고, 저작권은 저작자의 사후 50~70년까지이다.
- 기업이 보유한 특허권 등 지식재산권(Intellectual Property, 이하 'IP')의 가치평가를 통하여 운전자금을 지원하는 IP 전용대출 상품이 있고 금융기관별로 지식재산권 담보대출을 시행 중이다.

출처 : 두산백과 두피디아, 두산백과

3. 경영 컨설팅 과정에서의 성장통

첫째, 가성비가 답일까에 대한 성장통

우리는 언제부터인가 가성비라는 단어를 많이 사용하고 있습니다. 지갑 두께가 얇아지는 세태를 반영하듯, 가성비를 찾는 소비자가 대다수를 차지합니다. 그런데 기업전략을 수립하거나 소기업·소상공인의 경쟁력을 상담할 때, 가성비가 과연 첫 번째 경쟁력이 될 수 있냐는 고민이 생깁니다. 압도적인 가성비를 가지고 있다면 그 기업의 경쟁력이 되겠지만, 경쟁사 대비 약간 좋은 가성비이거나 해당 산업군이 이미 가성비 우위 시장이 아니라면 가성비 경쟁력은 단시간에 머무를 뿐입니다.

그렇다면 무엇이 경쟁력이 될 수 있을까요? 지속가능한 경쟁력은 결국 브랜드파워에서 나옵니다. 미국의 애플이 대표적인 사례일 것입니다. 그리고 브랜드파워는 지속적인 브랜딩의 결과입니다.

> **브랜드파워 vs 제품파워**
>
> 브랜드파워가 만고불변의 진리라고 말하기는 어렵습니다. 제품파워로 승부를 보는 곳도 있기 때문입니다. 브랜드를 내걸지 않는 신세계 그룹의 NO BRAND가 대표사례입니다. NO BRAND 자체가 브랜드명이기도 하지만 광고·홍보를 크게 하지 않는데도, 2015년에 처음 시장에 나온 NO BRAND는 2020년에 매출 1조 원을 달성했고 2022년 매출은 1조 2,000억 원을 바라보고 있습니다.

둘째, 지속성장 여부에 대한 성장통

국내 기업 사례로는 카카오, 국가 사례로는 일본이 지속성장 여부에 대한 성장통의 예가 될 것입니다. 일본은 다른 국가들에 비해 압도적인 고속성장을 이루어 한때 미국에 이어 두 번째 GDP 국가에 올라섰지만, 지속성장을 끌어내지 못했습니다(물론 고속성장을 지켜내지 못한 데에는 플라자합의로 인한 이슈가 큽니다.).

카카오 역시 카카오톡이라 불리는 SNS 프로그램으로 크게 인기를 끌었고 엄청난 속도로 계열사를 늘렸습니다. 그런데 그 자리를 지금 잘 지키고 있다고 말할 수 있을까요? 이 질문의 답은 카카오가 성장성을 보여줄 만한 게 남아 있을까를 생각해보면 됩니다. 여기까지 생각해보면 카카오의 미래가 마냥 긍정적인 상황은 아닐 것입니다. 기업이 성장을 못하면 정체되었다가 결국 퇴보하기 때문입니다.

> **카카오 계열사**
>
> 2021년도 사업계획서에 의하면 카카오의 국내외 계열사는 194개에 달했으나, 2021년 5월 기준으로는 국내외 계열사 158개를 보유하고 있습니다.

그렇다면 고속성장을 하고 난 다음 스텝은 무엇이어야 할까요?

바로 혁신적인 기술개발입니다. 삼성의 반도체 개발 역사가 대표적인 사례입니다. 메모리반도체의 집적도를 1년에 두 배씩 늘려 지속성장을 끌어냈던 방법이 경쟁사와 기술격차를 벌리는 좋은 사례입니다.

기술개발을 할 때 조심할 부분은 휴민트입니다. 삼성, 현대 등 국내기업의 최첨단 기술이 중국으로 유출되었다는 뉴스를 볼 때마다 안타깝습니다. 우리가 가지고 있는 기술이 결국 우리 후손 세대의 일거리이기 때문입니다.

> **휴민트(humint)**
> 정보원이나 내부협조자 등 인적(人的) 네트워크를 활용하여 얻은 정보 또는 그러한 정보수집 방법을 말합니다. 첩보영화에 종종 등장하는 간첩, 스파이가 휴민트에 해당합니다.

셋째, 압도적 우위에 대한 성장통

상담기업 중에는 제조기업도, 서비스기업도 있습니다. 지금보다 나은 수준이면 된다는 곳도 있지만, 시장에서 압도적 우위를 점하고 싶다고 하는 곳도 있습니다. 컨설턴트로서의 생각은, 기본적으론 제조기반이 없으면 압도적인 우위력을 가지기 어렵다고 생각합니다(삼성전자 권오현 부회장은 이를 '초격차'라고 불렀습니다.). 서비스는 모방하기 쉬워 핵심인력 1명만 스카우트를 해도 금방 따라 할 수 있습니다. 하지만 제조기반의 경쟁력은 사람 한두 명의 차이로 따라잡을 수 없고, 공장을 설립한다고 완벽한 제품이 펑펑 나오는 것도 아닙니다. 여기서 제조기반은 완성품 조립단계만을 의미하는 게 아니라, 원자재, 부품을 망라한 전체공급망까지 포함합니다. 글로벌 시대에 국가를 넘나드는 각 공급사슬의 복잡도는 상상 이상으로 세밀한 운영관리를 필요로 합니다.

코로나19 사태와 우크라이나-러시아 전쟁을 겪으면서 달라진 변화를 생각하면 쉽습니다. 어떤 현상이 발생했나요? 공급망이 붕괴했고 원자재와 부품의 조달이 생산차질을 일으켰습니다. 외부, 특히 해외부품 조달에 전적으로 의지하던 기업은 생산차질, 납기차질 등 수많은 고충을 겪어야 했고, 국내 부품조달을 병행하고 있던 기업은 그나마 타격이 덜했습니다.

특히 대한민국의 기업 대부분은 중국 부품에 크게 의존하는 상태입니다. 대한민국은 자원보유국이 아니니 자원수입은 어쩔 수 없다고 하더라도, 부품까지 중국에 의존하다 보니 이런 공급망 위기에 더욱 취약점을 드러내게 되었습니다. 압도적 우위로 가기 위해서는 제조기반이 있어야 하고 부품 국산화도 병행되어야 합니다. 그래야 지금과 같은 경제위기 혹은 자국 우선주의 냉전시대에 초격차를 벌릴 수 있습니다.

Chapter 3

무조건 해보는 경영 컨설팅 실전

세상을 컨설팅하다

MANAGEMENT
CONSULTING

6장 경영 컨설팅 실전 1

7장 경영 컨설팅 실전 2

8장 경영 컨설팅 실전 3

6장

경영 컨설팅 실전 1

1. 좋은 결과물을 내기 위한 조건

첫 번째 조건, 대화의 차이가 결과물의 차이를 만듭니다. 그리고 좋은 결과물을 내려면 좋은 질문이 필요합니다. 상담자리에서 좋은 질문과 답이 오가지 못하면 수진기업과의 갈등이 발생할 소지가 큽니다. 어느 상황에 해당하는지 빨리 파악하는 것도 컨설턴트의 중요한 능력 중 하나입니다.

- 나의 질문이 잘못되었을 경우
- 나의 질문이 너무 편협하거나 너무 광범위한 경우
- 내가 신뢰를 못 주는 경우
- 수진기업이 다른 속셈이 있는 경우

수진기업이 다른 속셈이 있는 경우의 상당수는 기업구조 혁신이 아닌 정부지원금 수령에 목적이 있을 가능성이 큽니다. 이런 기업대표에게 기업혁신에 대해 컨설팅 방법론을 제시하는 것은 별 소득이 없을 것입니다.

그런데 좋은 질문을 하는 것은 생각만큼 쉽지 않습니다.

이런 질문을 받아본 적이 있을 겁니다. "오늘 김치찌개가 어땠나요?" 대부분은 이때 그냥 "괜찮았어요.", "맛있어요."라고 짧게 대답한 경험이 있을 겁니다. 즉, 좋은 질문이 아닙니다.

질문이 광범위하면 답변도 두루뭉술하게 나오는 경향이 있습니다. 이럴 때는 질문을 쪼개서 하는 것도 방법이 될 수 있습니다. "오늘 김치찌개는 얼큰한 맛이 적당했나요? 너무 매웠나요? 몸에 좋은 생강을 넣었거든요."

좋은 컨설팅 결과물을 만들어내는 자질, 능력, 태도의 관계

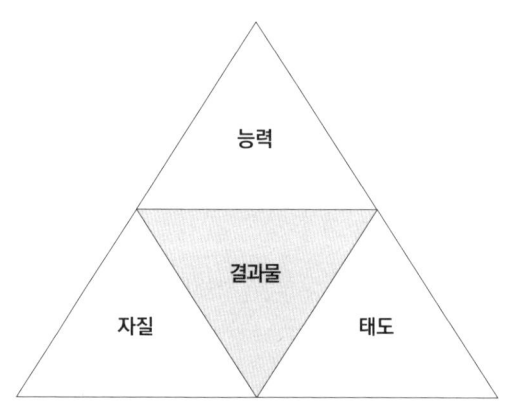

3가지 요소가 적절히 균형을 맞추어야 좋은 결과물을 낼 수 있습니다.

두 번째 조건, 자질, 능력, 태도가 컨설팅 결과물의 완성도를 좌우합니다. 컨설턴트의 요건을 자질, 능력, 태도라는 3가지로 놓았을 때, 이중 첫 번째는 컨설턴트의 자질일 것입니다. 컨설턴트의 능력은 누구도 부정 못 할 조건이지만, 컨설턴트의 좋은 태도 역시 컨설팅 결과물에 차이를 낸다는 것을 알아야 합니다. 좋은 태도를 갖추기 위해 경영지도사는 항상 노력해야 합니다.

2. 회사(제품) 홍보 방법 예시

체험단

특히 B2C 기업이라면 체험단 모집을 통하여 적극적으로 온·오프라인 홍보를 하는 방법을 추천합니다. 체험단이란 단어 그대로 새로운 제품이나 서비스를 무상제공 받아 직접 사용해보고 제품의 성능과 관련된 제품의 후기 혹은 제품평가를 해주는 소비자 집단을 말합니다.

체험단은 큰 비용을 들이지 않고도 기대 이상의 마케팅 효과를 발휘합니다. 하지만 운영방식에 따라 어떤 기업은 홍보에 성공하고, 어떤 기업은 성공하지 못합니다. 똑같은 도구를 사용하더라도 사용법을 잘 알고 있는 사람과 그렇지 않은 사람은 결과물에 현격한 격차가 발생하는 것과 같습니다.

체험단에 소속된 사람이 제품에 대해 많이 알릴수록 홍보 인센티브를 받을 수 있도록 설정하면, 지속해서 우호적인 바이럴마케팅을 할 수 있고 이것이 성공요인이 될 수 있습니다. 요즘에는 먹는 제품일 경우, 홈페이지에 후기를 올리는 것은 기본입니다. 후기에 회사이름, 제품명을 반드시 포함시켜야 노출이 극대화됩니다.

체험단 효과를 극대화하기 위해서 어떤 인력을 체험단으로 모집해야 할지도 중요합니다. 회사 재직 시 체험단 모집조건으로 아래와 같이 설정했는데, 참고하기 바랍니다.

- 블로그, 인스타그램 등 SNS를 잘 활용하는 사람

- 해당 아이템에 익숙하거나 관련 업계 제품을 많이 알고 있는 사람
- 사진찍기와 글쓰기에 재능이 있거나 좋아하는 사람

이렇게 체험단 모집부터 전략적으로 인력모집을 하지 못하면 좋은 결과가 나오지 못합니다. 체험단은 한 번 활동하고 중단하는 마케팅 활동이 아닌 만큼, 아래 사항을 숙지하고 진행해야 합니다.

- 지속해서 운영하라. 체험단이 끝나도 잔류고객으로 남을 수 있다.
- 강조하고 싶은 특징은 충분한 자료를 직접 제공해라.
- 제조시설을 가지고 있다면 생산현장에 방문시켜서 품질관리, 제품 안전관리를 보여줘라. 기대 이상의 반응을 얻게 될 것이다.
- 체험단을 하대해서는 안 된다. 체험단은 제품을 홍보해주는 사람이기도 하지만 관계 악화 시에는 네거티브 소비자로 변하게 된다.
- 체험단 소개로 매출연결 시에는 추가혜택을 주고, 다른 아이템의 체험단 모집에도 적극적으로 활용해라.
- 체험단 모집을 자사 홈페이지에 올리면 체험단에 신청하려는 유입이 일어나면서 홈페이지도 활성화되고 덩달아 신제품도 홍보할 수 있다.

디자인 차별성이 부족한 경우 홍보 방법

"디자인이 세상을 지배한다는데 자사상품의 디자인에 차별성이 없다면 어떤 마케팅을 해야 좋을까요?" 과거 이런 질문을 받았을 때, 당시 기

업에서 신규사업을 담당할 때의 경험을 바탕으로 답했던 것이 기억납니다. 기업마다 보유한 인적·물적 내재역량은 모두 상이할 것입니다. 경쟁사보다 우위의 내적 자원을 보유한 회사가 아니라면, 어떻게 마케팅을 해야 할까요? 예를 들어 아래와 같은 상황이라고 가정해봅시다.

- 디자인에 역량을 쏟을 만한 회사의 자원이 부족한 경우
- 자사 디자인의 경쟁력이 높지 않다고 판단될 경우

이런 경우에는 바이럴마케팅과 노이즈마케팅이 좋은 대안이 됩니다. 이 두 가지를 합한 바이럴·노이즈 마케팅을 권합니다. 관심을 끌고자 한다면 참가자들의 댓글논쟁을 일으키는 것도 한 가지 방법입니다. 이를테면 '○○음식은 찍먹이 좋을까, 부먹이 좋을까?'라는 식으로 레시피 댓글 배틀을 유도하는 것입니다.

3. 소셜미디어 홍보전략과 마케팅의 정답

앞으로의 마케팅은 기존의 전통적인 광고형식에서 더욱 빠르게 탈피할 것입니다. 대신 소셜미디어 광고가 전통적인 광고형식의 자리를 빠르게 대체할 것입니다.

다음은 소셜마케팅의 학문적 연구에서 참고하면 좋을 만한 논문자료입니다.

생산 및 판매 주력 부문	브랜드 인지도	
	낮음	높음
제품	쿠폰 마케팅	제품 이미지
서비스	스토리텔링 마케팅	체험 마케팅

출처 : 유형별 소셜미디어 마케팅전략 연구(박진원, 조은영, 김희웅)

1) 스토리텔링 마케팅

스토리텔링 구조를 토대로 시장환경을 분석하고 상품, 유통, 판촉 등을 기획하고 시행하는 마케팅 방법입니다.(허문경, 2007)

2) 쿠폰 마케팅

소비자에게 할인쿠폰을 제공하여 구매율을 높이는 방법으로 다음과 같은 경우에 자주 애용됩니다.

- 온라인 쇼핑몰, 오프라인 신규점포에서 단기적 매출증대를 원할 경우
- 신규고객 유치 및 방문율을 올리고 싶을 경우
- 가격에 민감한 소비자를 가격인하로 유혹, 매장유입 촉진 및 정기고객으로 만들고 싶은 경우

쿠폰 마케팅을 저렴한 이미지로 생각하고 거부반응을 보이는 기업도 있지만, 쿠폰 마케팅은 유통산업이 발달한 선진국에서 예전부터 사용해 오던 마케팅 방법입니다. 남발하면 기업 및 브랜드 이미지에 타격이 오겠지만, 적절히 사용하면 충분한 마케팅 효과를 볼 수 있습니다. 단, 쿠폰 마케팅을 실행할 경우, 경쟁점포에서 쉽게 모방할 수 있으므로 쿠폰 마케팅 실행 이후의 경쟁 환경변화도 미리 시뮬레이션해보는 것이 좋습니다.

3) 제품 이미지 마케팅

이미 시장의 우위를 점하는 기업에서 주로 사용하는 방법입니다. '브랜드=나'라는 소비자의 구매심리를 이용하는 마케팅으로, 해당 제품이 가지는 문화적 이미지와 경제적 이미지를 구축해야 합니다.

4) 체험 마케팅

고객에게 특별한 체험을 제공해 감동을 선사함으로써 기업에 대한 긍정적 인식을 유도하고 수익을 높이는 마케팅 기법입니다.(장대련, 2006) 고객이 직접 경험한 체험내용을 공감으로 발전시키기 위해 사용됩니다. 체험 마케팅은 시행기업의 규모에 따라 다양한 방식으로 전개될 수 있지만, 물리적 제품소비에서 의식으로 자리 잡는 체험소비로의 전환이라는 공통점이 있습니다.

〈체급이 큰 기업의 체험 마케팅〉

이미지 출처 : https://www.simmons.co.kr/factorium/terrace

시몬스 테라스에는 1870년부터 이어온 시몬스 침대의 역사를 한 눈에 살펴보실 수 있는 뮤지엄과 고객이 다양한 제품을 체험할 수 있는 공간으로 구성되어 있습니다.

〈체급이 작은 기업의 체험 마케팅〉

체험 마케팅은 보통 공간을 활용한 마케팅으로 활용됩니다. 그러나 소상공인, 중소기업의 경우 가용한 마케팅자원이 열악할 수밖에 없고 가용자원이 부족하다 보니 사용가능한 솔루션을 제공하는 게 쉽지 않습니다. 아래에 나열한 마케팅은 중소규모 기업이나 소상공인에게 제안해볼 수 있는 방법이나, 추가로 연구해보길 권합니다. 이 중에서 제일 효율적인 한 가지를 선택하라고 한다면, 저는 오감 마케팅을 적극적으로 개발할 것입니다.

- 국내사례와 해외사례의 연구를 통한 풍부한 상담소재 준비
- 무상보증 수리 기간을 확대 제공하여 대기업 제품보다 제조품질 및 사후 서비스가 약할 것이라는 소비자들의 불신을 극복
- 니치마켓에 적합한 제품개발 및 체험 마케팅 진행
- 오감 마케팅을 적극 활용

  시각 : 오감 마케팅의 제일 기본인 마케팅으로, 특히 색깔을 사용한 마케팅은 가장 강한 체험을 준다.

  후각 : 향초 등 작은 공간에서 효과적으로 공간활용이 가능하다.

  청각 : 음악, 노래 등으로, 빠르지 않은 일정 음률은 아늑함과 편안함을 동시에 준다.

  촉각 : 신체로 전해지는 바닥, 벽면의 차가움과 따뜻함 등 어떤 표면감과 두께감을 가진 재료를 사용했는지에 따라 촉각의 효과가 다르게 나타난다.

  미각 : 식음료 업계의 마케팅으로 시음행사를 주로 활용한다.

마케팅의 정답

마케팅에 정답이 있을까요? 시험에서는 정답이 있지만, 현장에선 정답이 없습니다. 시행착오를 줄이고 ROE를 높이는 방법이라면 그게 바로 정답입니다. 시대가 변하고 사람의 소통도구가 변하니, 마케팅 방법도 변합니다. 그래서 우리는 계속 공부해야 합니다. 기존에 특정 기업에 사용되었던 마케팅전략은 그 시점, 그 기업에 맞았던 전략입니다. 그리고 운이 작용했을 수도 있습니다. 그러니 내 기업에 적용할 경우, 성공확률이 높다고 자신할 수 없습니다.

마케팅에는 정답이 없다고 말했습니다. 정답이 없으므로 누구나 한마디씩 거들 수 있고 누구나 아이디어를 말할 수 있습니다. 그래서 마케팅 전문가들은 힘이 듭니다. 누구나 일상생활에서 흔히 접하는 것이 마케팅이기 때문에, 조직 내에서 잘못 대화가 풀리면 심할 경우 마케팅 부서 전체인력이 바뀌기도 합니다.

"○○기업은 ○○마케팅으로 효과를 보았다고 하는데 저희는 안 하나요?"

"경쟁사 ○○는 판촉행사를 진행 중인데 저희는 어떤 마케팅전략이 있나요?"

회사에서 마케팅 담당 직원들이 이런 이야기를 들으면 어떤 생각이 들까요? 확실한 건 다른 부서 인력보다, 마케팅 담당 직원들에게 더 다양한 마케팅 지식이 있다는 것입니다. 한정된 예산으로 이것저것 원하는 기업일수록 마케팅 부서는 능력이 없다고 치부되곤 합니다. 실제 마케팅 현장에서는 예산이 적정한지, 고객침투는 좋은지, 브랜딩을 쌓을 수 있는 마케팅인지를 고민하고 결정해야 합니다.

4. 사업계획서와 컨설팅보고서

사업계획서 작성

적어도 이 글을 읽는 대부분의 독자 중 사업계획서가 무엇인지 왜 작성하는지를 모르는 분은 없을 것입니다. 기획팀이나 전략팀의 경우라면 여러 현업부서의 사업계획서를 취합, 보고해야 하니 간접경험이 많을 것이고, 직접 작성하기도 할 것입니다. 사업계획서 작성 시, 제일 괴로운 부분이 무엇일까요? 바로 사업부장의 의도가 제대로 사업계획서에 잘 표현되었느냐일 것입니다. 그렇게 문서에 포함된 사업부장의 의도는 결국 대표의 의도와 일치하거나, 최고경영진이 생각하지 못한 인사이트를 던져주기도 합니다.

그런데 사업계획서 작성할 때는 중대한 문제점이 한 가지 있습니다. 바로 현실과 목표의 차이입니다. 대부분 사업계획서는 탑라인(top line)이 결정했으면 그 목표에 맞도록 숫자를 만들어내야 합니다. 기본적으로 사업부 매출액을 기업 전체의 목표와 일치시켜서 만듭니다. 좀 더 구체적으로 말하자면 예상 시장규모와 시장점유율을 곱해서 만들어냅니다. 그럼 이익은 어떻게 만들까요? 예상 영업이익률을 가지고 매출이익, 영업이익을 만듭니다. 이 숫자는 단순히 숫자를 만들기 위한 숫자일 확률이 높습니다. 실현하지 못할 숫자라고 생각하면서도 이건 그냥 보고용이라면서 만듭니다.

경영지도사로서 내 사업의 사업계획서를 직접 만들거나 수진기업에 작성에 대해 조언해야 할 순간이 올 것입니다. 그 경우에 우리는 수진기업 대표의 숫자를 보고 어떤 말을 할 수 있을까요? 내가 속한 산업의 경우에는 감이라도 잡겠지만, 영 알지 못하는 분야라면 내가 어떤 조언을 하고 어떤 컨설팅을 할 수 있을까요?

컨설팅보고서 작성

소상공인, 중소기업의 경우 보여주기식 컨설팅보고서보다는 사업에 구체화한 방법론을 제시하는 것이 제일 중요합니다. 지금 하루 매출에 폐점할까 말까, 고민하는 경영자에게 4P 분석, SWOT 분석은 크게 와 닿지 않는 컨설팅입니다. 차라리 온라인 마케팅이 필요한데, 우선 블로그 마케팅을 해보자거나 오픈마켓에 제품을 올리는 방법을 시연하는 게 더 절실하게 다가오는 컨설팅이 될 것입니다.

경영 컨설팅 실전 2

경영지도사는 합격했는데 "그다음에 뭘 해야 하지?"라는 고민에 대한 대답

1. 자격증으로 무엇을 할 수 있지? _ 취업과 이직

저는 시험에 합격하고 나서 주변 분들에게 도움과 격려를 받았습니다. 축하인사에 한 달, "이런저런 수익창출 방법이 있다더라."라는 이야기에 두 달이 지났지만, 정작 지금 당장 손에 잡히는 것이 없었습니다. 하나씩 도전해봐야겠다고 구체적으로 실행한 것은 거의 시험 합격하고 나서 6개월이 지난 시점이었습니다.

7장, 8장은 이제 갓 시험에 합격하신 분들이 어떻게 방향을 잡아야 할지를 풀어가려고 합니다. 예비 그리고 신규 경영지도사들이 시험에 합격하고 나서 "그래서 무엇을 해야 하는 거지?"라고 던지는 막막한 질문에 조금이나마 답이 되었으면 합니다.

취업, 이직을 목표로 한다면 이렇게 해보자

만약 아직 취업 전이거나 이직을 희망한다면 경영지도사를 뽑거나 우대하는 회사를 지원할 수 있습니다. '사람인', '인크루트' 등 구직사이트에서 '경영지도사'를 입력하면, 아래 자료화면처럼 경영지도사를 찾는 기업을 확인할 수 있습니다.

또, 경영지도사를 직접 모집하지는 않아도 경영지도사의 주요 업무인 경영 컨설팅, 심사인증 분야로도 많은 기업들이 인재를 찾고 있음을 알 수 있습니다.

정부에서 운영하는 '워크넷'에서의 상황은 어떤지 보겠습니다. 워크넷은 우리나라에서 가장 많은 자료를 보유한 구인·구직 사이트입니다.

경영지도사의 업무인 경영 컨설팅, 경영기획, 심사인증 분야로도 기업들이 채용공고를 내고 있습니다. 대학 졸업 전 자격증을 취득하거나 이직을 원하는 경우, 활용가치가 높은 자격증임을 알 수 있습니다. 농협의 경우 경영지도사를 특채하기도 합니다.

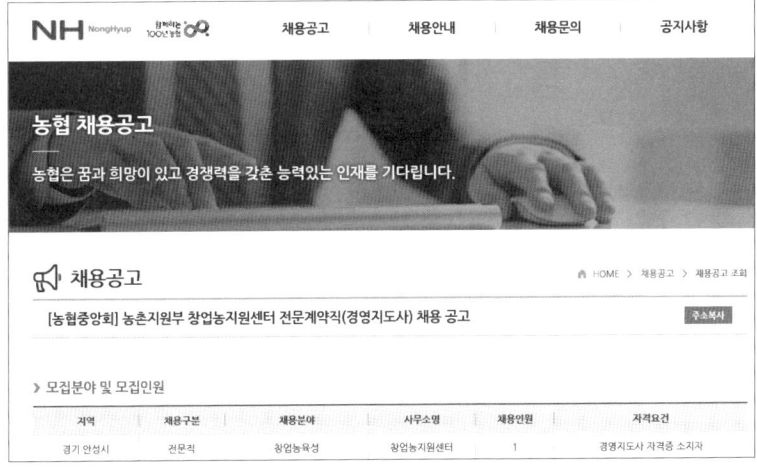

경영·기술지도사 자격증이 있으면, 가산점 획득을 받는 곳도 있습니다. 대표적으로 금융기관, 공공기관이 있으며, 일반기업 등에서도 경영지도사 자격증 보유자에게 가산점을 주는 곳이 많습니다. 아래는 그 예시입니다.

- 농협중앙회 지원 시 '전문자격증'으로 지원 가능
- 한국철도공사 지원 시 공인노무사, 감정평가사와 등과 같이 전문자격증으로 지원 가능
- 수협중앙회는 경영컨설턴트 직군으로 공인회계사, 경영지도사를 선발

전문자격증 대출한도 상향

금융권에서 대출받고자 할 때 전문직의 경우, 일반 직장인보다 더 높은 대출금액과 더 좋은 대출 우대금리를 적용받습니다. 아래는 기업은행 사례인데, 전문직 범위에 당당히 경영·기술지도사가 포함되어 있어서 은행의 대출한도 및 대출이자에 우대받고 있습니다.

구분		세부대상	한도
전문직군	현직의사 및 의과대학생	현직의사 의사국가고시합격자 의대 본과(의과전문대학원 포함) 4학년	최대 3억 원
	개업예정의	의사, 한의사, 약사	최대 4억 원
	전문직	현직 종사자	최대 1.5억 원

구분		세부대상	한도
직장인	1군	정부 및 지방자치단체, 정부투자기관, 정부 재정지원을 받는 기관, 특별법에 의해 설립된 공공기관, 제1금융권(은행) 및 제2금융권(증권, 보험, 카드사) 재직자 초중고교 및 대학교	최대 1억 원
	2군	당행 선정 우대어음대상기업(발행인 기준이며, 중소 로얄어음 및 골드어음 대상기업은 제외)	최대 7천만 원
	3군	1군 2군 이외의 기업 재직자	최대 5천만 원
거래우수고객군		당행 신용등급별, VIP 등급별 대출한도 선출자	최대 5천만 원

전문직 : 판사, 검사, 변호사, 군법무관, 공인노무사, 손해사정인, 법무사, 도선사, 세무사, 변리사, 관세사, 약사, 한의사, 수의사, 건축사, 감정평가사, 기술사, 경영지도사, 기술지도사
출처 : 기업은행 (주의:은행정책에 따라 변동)

전체 금융권에서 시행 중이지는 않지만, 일부 은행에서는 경영·기술지도사를 획득하면 대출금리에 대해 금리인하요구권을 행사할 수 있는 부가적 혜택도 제공하고 있습니다. 새롭게 자격증을 획득했다면 금리인하요구권을 행사해보세요.

금리인하요구권

(은행법 30조 2항 등) 대출 등을 이용하는 소비자의 신용상태가 개선된 경우, 금융회사에 금리인하를 요구할 수 있는 권리로 대표적인 요건은 하기와 같습니다.

* 우리은행의 예이며 전문자격에 '경영·기술지도사'가 포함됨.

① 소득·재산 증가 : 취업, 승진, 전문자격 취득, 자산증가, 부채감소
② 신용도 상승 : 신용평가회사의 개인 신용평점이 상승한 경우
③ 기타 : 은행 우대서비스 등급 상향

2. 자격증으로 무엇을 할 수 있지? _ 전업(창업)

　경영지도사 자격증으로 자신만의 사업을 운영하는 선배 경영지도사가 많습니다. 개인이 보유한 인적자원과 역량에 따라서 경영지도사 자격증은 대한민국의 그 어떤 국가자격증보다 사업확장 가능성이 크게 열려 있는 자격증입니다. 컨설팅 시장의 진입과 각종 기관의 심사·평가위원 위촉활동은 기본이고, 강의·강연, 기업의 자문위원으로도 활동이 가능합니다. 확장 가능성이 높다 보니 세무사, 노무사, 변리사와 같은 전문자격사들도 추가로 경영지도사 자격증을 취득하는 경향이 생기고 있습니다. 전업(창업)과 관련된 보다 넓은 내용은 10장과 11장을 참고하기 바랍니다.

3. 수진기업 방문 전에 뭘 해야 하지?

흔히 경영·기술지도사 자격증을 갖게 되면 자연스레 밥벌이가 해결되거나 누구나 연 1억 원 이상 고소득을 벌 수 있다고 생각합니다. 하지만 현실은 그렇게 녹록지 않습니다. 기업상담을 나가면 경영지도사는 거의 만물박사급의 지식을 갖추어야 합니다. 실제 기업에서 컨설팅할 경우, 기업은 현안과 관련된 이슈 대부분을 한꺼번에 질문합니다.

게다가 최근 기업을 이끄는 대표들은 설립자의 2세인 경우가 많고, 대부분이 해외유학 혹은 MBA 학위를 가지고 있으며, 그들만의 네트워크가 많이 형성되어 있습니다. 이런 사람들에게 어설픈 마케팅원론을 이야기하고 SWOT 분석 이야기하는 것은 먹히지 않습니다.

그럼 기업 컨설팅을 포기해야 할까요? 포기하는 것은 올바른 대응이 아닙니다. 관련 지식을 터득하고 해당 산업에 대한 기본기를 갖춘 뒤, 기업체 상담을 진행해야 신뢰를 줄 수 있는 컨설턴트가 되리라고 생각합니다. 경영·기술지도사가 시험에 합격한 후에도 계속 공부해야 하는 이유입니다. 기업 방문 시에 어떤 준비를 하는지, 관련 지식은 어디서 얻을 수 있는지 소개합니다.

방문 기업의 사업보고서, 업계보고서 읽기

상담약속을 잡았을 경우, 반드시 해당 기업의 사업보고서를 읽어보고 가야 합니다. 기업규모가 크지 않아서 사업보고서가 없거나 확보할 수 없다면, 해당 업종에서 널리 알려진 기업의 사업보고서를 읽기를 바랍니다. 사업보고서는 해당 기업을 설명해주는 무료 교과서입니다. 사업보고서를 미리 읽고 가면 어떤 장점이 있을까요?

- 해당 업종에서 사용되는 용어를 미리 공부할 수 있습니다. 이 점은 기업과의 상담 시에 대화의 맥을 끊지 않게 하고 전문가라는 인상을 심어 줍니다.
- 해당 업종의 산업 경향을 엿볼 수 있습니다. 추가로 유튜브나 네이버에서 검색해 조사하면 더욱 폭넓게 이해력을 넓혀갈 수 있습니다.

4. 공신력 있는 5개 사이트

막상 자료를 찾으려 하면 어디서 찾는 게 좋을지, 특정 성격에 맞는 정보는 어디서 찾는 게 좋을지 마음이 다급할 때가 있습니다. 높은 신뢰도와 정확성으로 공신력 있는 데이터 등을 얻고 싶을 때 이용할 수 있는 사이트 5개를 엄선하여 소개합니다.

1) 삼성글로벌리서치 (舊 삼성경제연구소 SERI)
https://samsungsgr.com/sgr/

개인적으로 대한민국에서 첫 번째로 손꼽는 리서치 사이트라 판단합니다. 발 빠른 인사이트와 풍부한 시장조사 자료가 장점으로, 삼성그룹에서 운영하는 민간 경제전문 연구법인입니다.

2) 포스코 경영연구원 https://www.posri.re.kr/

포스코 그룹에서 운영하는 경영연구소로 에너지 기업답게 철강을 포함해 에너지자원 분야에 특화된 시장조사 보고서를 보여줍니다. 포스코 경영연구원 사이트는 특이하게 'POSRI 동영상 리포트'를 제작하여, 기존 텍스트 보고서 외에도 동영상 리포트를 제공합니다.

3) DMC 리포트 https://www.dmcreport.co.kr/dashboard

DMC 단어 자체가 'Digital Media Marketing'의 약자일 만큼 디지털 미디어 및 광고매체에 대해 특화된 시장조사 사이트입니다. 깊숙한 내용을 보려면 유료로 보고서를 구매해야 하지만, 짧고 간단하게 요약된 정보를 보겠다면 콘텐츠는 많은 편입니다.

4) 공공데이터 포털 https://www.data.go.kr/

공공데이터를 활용한 조사사례를 국내, 해외로 구분해 제공합니다. 국책과제 수행이나 정부기관 프로젝트 진행 시 기초 데이터로 활용할 수 있는 자료가 많습니다.

카테고리별로 시각화된 인포그래픽 자료를 제공하는 것도 특징입니다.

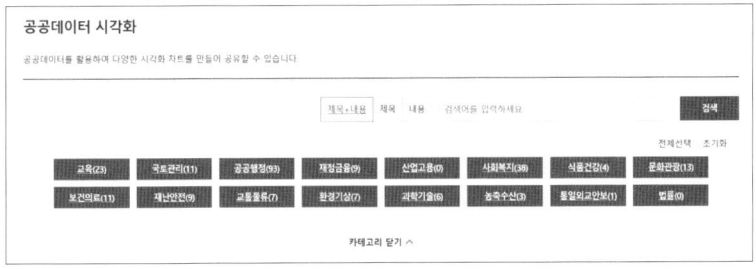

5) 국가통계포털 https://kosis.kr/index/index.do

국가통계포털(Korean Statistical Information Service, KOSIS)은 국가승인 통계를 국민에게 서비스하기 위하여, 통계정보를 검색·분석·활용할 수 있도록 통계청에서 구축하여 운영하는 사이트입니다. 인구연령별로 데이터를 제공하는 특징이 있어 소비자분석 시에 종종 참고하는 사이트입니다.

찾으면 보인다

- 상기 5개 사이트 말고도 좋은 사이트가 많이 있습니다. 대기업 중에서는 LG경제연구원, 현대경제연구원에 참고할 좋은 내용이 많이 있습니다.
- 찾아보지 않으면 바뀌지 않고, 찾으면 보입니다. 시장조사 사이트를 즐겨찾기에 꼭 저장해서 활용하시기를 바랍니다.

경영 컨설팅
실전 3

신입 경영지도사의 무조건 따라 하기

1. 무조건 해보는 경영 컨설팅

경영·기술지도사에 관심 있다면 지금까지 여러 글을 읽어왔을 것이고, 지도사 시험에 합격한 뒤로는 실무수습도 받고 여러 선배 기수들의 강의도 들었을 것입니다. 그런데도 명확하지 않고 손에 잡힐 듯 안 잡힐 듯 하는 부분이 있습니다. 바로 '그래서 내가 뭘 해야 하는 거지?', '내 상황에 맞는 방법은 뭐지?'라는 의문입니다.

전업을 하려 해도 어디서부터 손을 대야 할지 막막하고 재직 중인 합격자 역시 회사에 다니면서 컨설팅 경력을 쌓으려면 어떻게 해야 할지 의문이 쌓입니다. 여러 가지 이유가 있겠지요. 보편적 접근법을 제시하기에는 개인의 능력치 차이가 크다는 점, 그러다 보니 암묵지 형태로 전수되는 점, 나의 경험을 일반화하기 어렵다는 점, 고생해서 알게 된 정보를 타인에게 쉽게 공개하기 어려운 점 등등. 이 외에도 많을 것입니다.

8장에서는 경영지도사를 획득하고 나서 어떤 단계를 밟으면서 컨설팅의 세계에 조금씩 발을 들어갈 수 있을지에 대해 작은 경험 위주로 말씀드리겠습니다. 정답은 아니지만, 여기에 소개되는 활동들은 누구나 능히 할 수 있으니 경험해보길 권합니다.

무조건 해보는 경영 컨설팅 Win-Win 3,000

신입 경영·기술지도사의 경우 시장에 첫발을 내딛는 것이 중요합니다. 처음부터 경험치가 없는 생소한 프로젝트를 수임하거나 규모가 큰 컨설팅을 맡아서 진행할 경우 큰 리스크를 수반하게 됩니다.

다행히 신입 경영지도사들이 큰 부담 없이 컨설팅을 수행해볼 수 있는 제도를 경영기술지도사협회에서 운영하고 있는데, 바로 'Win-Win 3,000'이라는 프로그램입니다.

1) Win-Win 3,000 개요

'Win-Win 3,000'이라는 프로그램은 경영위기를 겪는 중소기업과 소상공인들을 위해 전국 3,000개 중소기업·소상공인의 위기극복 및 지속성장을 위한 '경영·기술지도사의 재능기부 경영 컨설팅 프로젝트'입니다. 쉽게 말해 "나 소상공인(혹은 중소기업 사장)인데 지금 매출이 정체야, 누구에게 물어볼 곳 없을까? 전문 컨설팅을 받고 싶지만, 비용이 많이 들 테고, 가볍게 상담 정도 받아보고 싶은데…"라는 경우에 사용하는 컨설팅입니다.

컨설팅을 받고자 하는 소상공인(혹은 기업)이 직접 신청하는 프로세스로, 네이버폼 주소로 들어가 10가지 키워드만 입력하면 간편하게 컨설팅을 신청할 수 있습니다. 만약 소상공인이 직접 입력하기 어렵거나 대신 신청해주길 원할 때는 지도사가 직접 신청하는 것도 방법입니다.

'Win-Win 3,000' 진행 프로세스

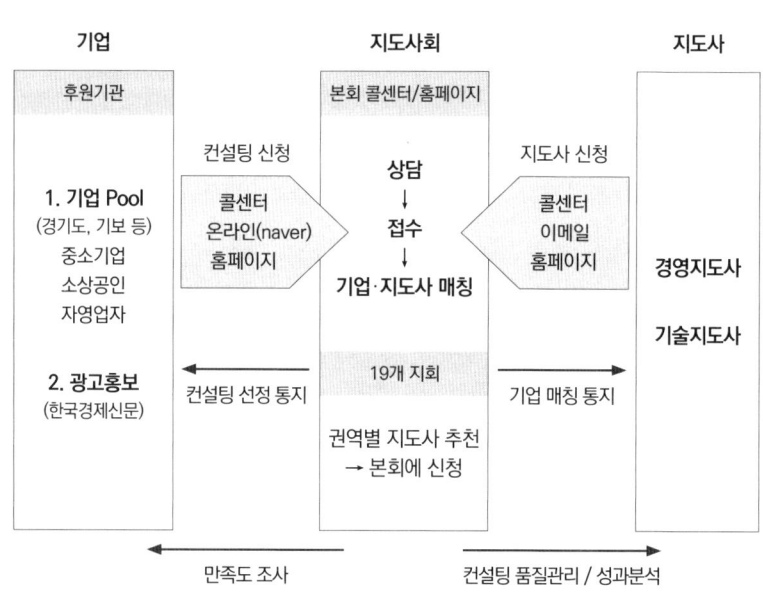

출처 : 경영기술지도사협회

2) Win-Win 3,000 추천 이유

타인을 컨설팅한다는 것은 막중한 책임과 깊은 전문지식이 필요한 일입니다. 컨설팅 요청업체가 나의 전공 분야가 아닌 생소한 분야일 수도 있습니다. 당연히 컨설팅 결과물이 신청기업에서 원하지 않는 방향으로 나오거나, 헛다리 짚는 경우도 발생할 수 있습니다. 신입 지도사 입장에서는 경영지도사에 합격했다 하더라도 실제 현장에서의 심적 부담감과 책임감이 클 수밖에 없습니다. 그런 면에서 Win-Win 3,000은 부담감을 최소화하면서, 현장의 소리 청취와 컨설팅의 감을 키울 수 있는 좋은 제도입니다.

> **Win-Win 3,000 컨설팅 수당**
>
> 정식 컨설팅 수임 비용과 Win-Win 3,000의 컨설팅 수당은 차이가 큽니다. 정식 컨설팅은 하루에 20~80만 원 사이의 비용이 책정되나, Win-Win 3,000은 재능기부 성격의 약식 컨설팅인 관계로 경영기술지도사협회에서 기업당 10만 원의 수당을 지급합니다.

Win-Win 3,000을 수행하면 컨설팅의 전체 그림을 익히는 데 많은 도움이 됩니다. 경영전략, 마케팅, 영업활성화 등 다양한 분야에서의 컨설팅 수요를 경험할 좋은 기회입니다. 다만 수익 면에서 크지 않기 때문에 Win-Win 3,000으로 컨설팅의 감을 익히신 분은 좀 더 고도화된 '소상공인 현장클리닉' 혹은 '컨설팅 희망기업과의 별도계약'으로 넘어가야 합니다. 하나씩 경험해서 사이즈를 키우길 바랍니다.

단, Win-Win 3,000의 컨설팅 매칭은 1인당 5건으로 제한되는 규정이 있습니다. 즉, Win-Win 3,000으로 경영기술지도사협회에서 받을 수 있는 비용은 연간 50만 원입니다.

컨설팅 매칭하는 방법

Win-Win 3,000의 경우, 컨설팅을 받고 싶어 하는 소상공인 혹은 기업의 임직원이 신청할 때, 원하는 컨설턴트 이름을 지정하여 입력할 수 있습니다. 아직 널리 홍보된 제도가 아니기 때문에 경영지도사가 개인적으로 아는 기업 임직원에게 요청하여 나를 컨설턴트로 지정하도록 요청할 수 있습니다.

1. 실제 사례 (네이버폼 신청 절차)

① (신청 기업) 링크 클릭하면 신청 페이지로 넘어감
② 네이버폼 신청페이지

③ 10-2번에 특정 컨설턴트의 정보를 기입하면 우선 배정됨
④ 회사소개서는 필수 입력사항이 아니므로 생략해도 됨

2. (매칭되었을 경우) 핸드폰 문자메시지와 이메일 발송

소상공인, 중소기업에서 Win-Win 3,000에 특정인을 지정하여 신청하면, 경영기술지도사협회에서 해당 컨설턴트에게 핸드폰 문자와 등록된 이메일로 다음과 같이 연락을 줍니다.

[Win-Win 3000 매칭안내]

안녕하세요 지도사님

Winwin 3000 재능기부 프로젝트 매칭되셔서
기업정보를 이메일로 보내드렸습니다.

확인 및 컨설팅 진행 바랍니다.

* 7.25 (월) 신청건부터 1명의 지도사당 연간(2022.1.1부터 집계) 5개 기업으로 제한이 되오니, 참고 바랍니다.
(이메일 - 첨부파일 참조)

- 지도사회 컨설팅사업팀

핸드폰 문자 메시지

등록된 이메일로 신청기업의 상세명세 안내

3. 컨설팅 수행 후 컨설팅 결과물 보고

수행보고서 제출은 이메일에 기재된 업로드 링크를 클릭하여 첨부하면 됩니다.

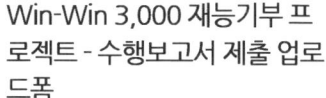

4. Win-Win 3,000 컨설팅 현장 모습

① 기업 대표님과의 미팅 사진

② 메인 아이템 : 데님 생산
  사업구조 : 중국에서 생산하여 한국 바이어에 납품

※ 참조 : Win-Win 3,000 컨설팅 수행보고서

Win-Win 컨설팅 수행보고서

1. 기본정보

기업명	OOO트레이딩	대표자명	OOO
사업자등록번호	119-86-OOOOO	종업원수	O명
기업 담당자	OOO	업종	섬유,의류
담당자 휴대폰	010-OOOO-OOOO	주소(시,군,구)	서울시 구로구 OOOO
수행일시	2022.08.01.(월)		

2. 컨설팅 주요내용

구 분	주 요 내 용
문 제 진 단	□ 상담기업 개요 1. 데님(청바지) 프로모션 업체로 업력은 약 10년 정도 되었다고 함 2. 주요거래선 : OOO, OOO □ 신규거래선 및 신규매출 확보 1. 기존 거래선 정체 및 신규거래선 발굴 정체 2. 기존 거래선의 물량증대 미비 및 신규매출 확보의 필요성 존재 □ 회사홍보 미비 1. 기업업력 대비 기업인지도 높지 않은 상태로 회사홍보에 어려움 존재

코 칭 & 컨설팅 내용	□ 현상황
	1. 2021년부터의 코로나발 동남아시아 공급망 손실대비 OOO의 주력공급망인 중국생산은 피해가 적은편이지만 매출정체중인 상황
	2. 물류비 상승으로 인한 손익구조 악화가 발생중
	□ 현상황 진단 및 컨설팅 과제 선정
	1. 창업이후 대면상담 거래로 진행중이지만 신규고객 확보에 점점 어려움이 가중되는 상황으로 <u>온라인마케팅의 병행이 필요하다고 판단됨</u>
	2. 최우선과제로 <u>온라인마케팅을 통한 신규거래선 및 신규매출 확보를 위한 온라인 판매채널 소개 및 방법</u>에 대해 컨설팅함
	□ 신규거래선 및 신규매출 확보 방안
	1. 온라인마케팅 통한 신규매출 확보 제안
	  1)와디즈펀딩: 해당사이트에 기획중인 제품정보 upload하여 초기시장반응 체크 및 신규매출채널로 활용토록 컨설팅
	  2)스마트스토어: 중국공장에서 보유중인 재고를 활용하여 스마트스토어에 판매 제안

2. 무조건 해보는 멘토·멘티

기회가 된다면 멘토·멘티 활동을 추천합니다. 제가 참여했던 멘토·멘티 활동 중 의정부시 중장년 기술창업센터에서 진행된 프로젝트를 예시로 들어봅니다.

> **의정부시 중장년 기술창업센터**
>
> 의정부시는 창업지원과 일자리 창출을 위해 2011년 3월부터 중소벤처기업부가 지정한 중장년 기술창업센터를 지원해왔습니다. 예비 및 초기 창업자에게 입주공간, 창업교육, 전문가 상담 등을 제공하며, 이 과정에서 경영·기술지도사가 중요한 역할을 합니다.

창업 컨설팅 현장 사진 1
유·아동 한복임대 서비스를 준비 중인 예비창업자와의 멘토링

창업 컨설팅 현장 사진 2
ICT 기반 홍보플랫폼 사업을 준비 중인 예비창업자와 컨설팅

의정부시 창업 컨설팅은 3일간 1시간씩 컨설팅이 진행되기 때문에 비교적 빠른 시간 안에 사업계획을 듣고 자문과 솔루션을 제공해야 합니다. 비즈니스를 바라보는 관점 및 관련 사업의 이해도가 일정 수준 이상 되어야 짧은 시간 안에 컨설팅을 진행할 수 있습니다.

1시간 중 창업자의 사업계획을 듣는 시간만 30~40분 정도가 걸리므로, 사업모델에 대한 멘토링을 하려면 사업계획서의 전개 흐름 파악과 관련 지식이 필수입니다.

멘토링에 참여만 하더라도 경영·기술지도사가 끊임없이 공부해야 하는 의미를 현장에서 바로 체감하게 될 겁니다. 공부의 양만큼, 지식의 양만큼 멘토 사업에 참여하는 자신감의 크기가 달라지기 때문입니다. 또, 이런 기회를 통해 멘토상담을 할 기회가 점점 늘어납니다.

멘토·멘티 활동에 참여하여 창업 컨설팅에 참여하다 보면, 생각하지 못한 곤란한 상황도 경험하게 됩니다. 창업자가 스스로 단념하게 만드는 경우가 오히려 좋은 상황이 되는 아이러니한 경우가 발생하지요.

창업 아이템이 성공 가능성이 무척 크다고 굳은 신념을 가진 예비창업자와의 상담에서 주로 발생하는데, 특히 특허를 가지고 창업하려는 경우는 더욱 곤란한 상황이 됩니다. 특허가 사업의 성공으로 바로 연결되는 것은 아니기 때문인데, 제가 경험한 사례를 소개합니다.

- 직업(연령) : 택시기사(65세)
- 관심 분야 : 길가의 우수받이(빗물받이)
- 특허 보유 : 실제 우수받이를 개량한 구조물로 특허를 보유 중
- 특허 경쟁력 : 기존의 우수받이와 큰 차별점은 보이지 않는 상태

- 특이사항 : 같이 사는 배우자의 반대

  예비창업자의 집에서도 창업을 그만두도록 요청하는 상황
- 컨설턴트의 판단

  1차 판단 : 보유한 특허가 기존 장비와 차별화된 경쟁력은 없다고 판단

  2차 판단 : 개발비와 개량비, 상용화 비용이 지속적으로 투자해야 하는 상황을 고려하면, 자칫 밑 빠진 독에 물 붓기식으로 자산소진 가능성 크다고 판단

전력을 다하여 컨설팅을 해도 성공 가능성이 크지 않은 게 창업입니다. 성공 가능성이 높지 않을 경우, "여기서 포기하는 게 좋습니다."라고 말하는 게 정석이겠지만, 실제로 그렇게 하기란 쉽지 않습니다. 성공 가능성을 아예 배제할 수도 없습니다.

다만 이런 컨설팅 현장을 경험함으로써, 무조건 긍정적인 결과가 나올 것이라고 상담하는 게 옳은 것은 아니라는 생각을 갖게 한 컨설팅이었습니다.

경영기술지도사협회의 멘토·멘티 프로그램 활용

신입 지도사님의 경우, 경영기술지도사협회에서 모집하는 '소상공인 성공드림 컨설턴트'를 신청해서 경험을 쌓는 것도 좋은 방법입니다. 지역 구분 없이 적극적으로 지원하면 더욱 풍부한 컨설팅 경험을 쌓을 수 있습니다.

3. 무조건 해보는 사업계획서 컨설팅

경영지도사를 한 줄로 표현한다면, '소상공인과 중소기업의 경영진단 및 컨설팅을 지도하는 것'일 것입니다. 여기서 소상공인과 중소기업은 창업을 준비하는 예비창업자, 초기 창업자에 해당합니다.

예비창업자 중에서는 사업계획서를 작성해 내부 경영계획에 반영하려 하거나, 초기창업패키지 등에 도전하여 정부지원금을 받으려 하기도 합니다. 이럴 때 경영지도사의 전문지식이 필요해지는데, 사업계획서 작성을 직접 해본 경험이 있으면 더욱 좋습니다.

창업과 관련된 대표적 정부지원 창업패키지 3종

- 예비창업패키지 : 사업공고일 기준으로 창업이력이 없어야 함. 최대 1억 원 지원(혁신적인 기술창업 소재가 있는 예비창업자의 창업과 사업화를 위한 자금 지원, 창업교육, 멘토링 지원 제도)
- 초기창업패키지 : 3년 이내 초기 창업자 대상, 최대 1억 원 지원(유망 창업 아이템을 보유한 초기 창업기업을 대상으로 사업화 자금 및 보육 프로그램 지원)
- 창업도약패키지 : 모집공고일 기준 창업 3년 이상 7년 이내 대상, 최대 3억 원 지원(창업자가 가장 많이 폐업하는 시기인 3~7년의 도약 구간을 극복하고 사업모델을 개선하기 위한 제도)
- 2022년 창업지원사업 지원금 규모 : 총 3조 6,700억 원

다음은 제가 실제로 초기창업패키지에 컨설팅한 사례입니다.

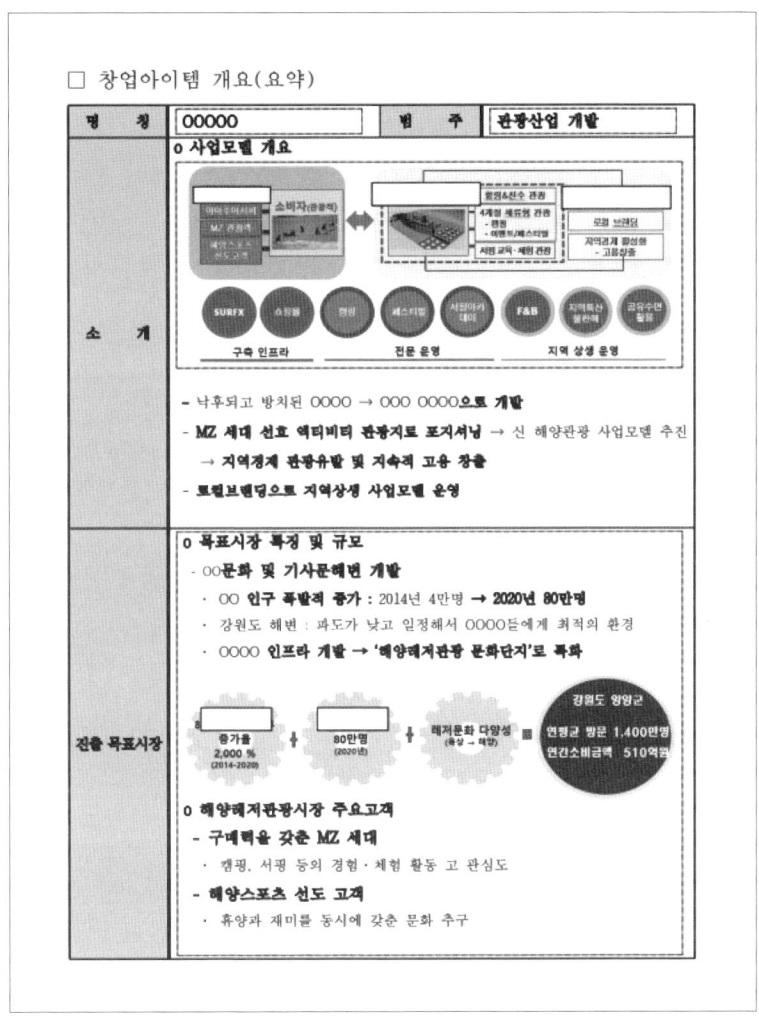

실제 2022년 초기창업패키지 사업보고서 컨설팅 사례 (출처 : 개인 자료)

Chapter 4

경영지도사의 자세와 미래

세상을 컨설팅하다

MANAGEMENT
CONSULTING

9장   경영지도사의 자세

10장   경영지도사의 미래

11장   경영지도사로 독립하기

12장   경영지도사와 관련된 궁금증

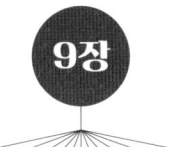

경영지도사의 자세

1. 경영지도사의 10가지 자세

경영지도사의 자세 1 - 겸손

벼는 익을수록 고개를 숙인다고 합니다. 경영지도사도 지식이 차고 넘칠지라도 나를 낮추고 상대방을 존중하는 겸손이 항상 몸에 붙어 있어야 합니다. 비굴하게 처신하라는 이야기가 아니라 사람과 사람 사이의 관계, 언어와 태도로 표출되는 매너를 지켜야 함을 의미합니다.

나의 지식이 절대적이라는 신념도 경계해야 합니다. 현장은 1+1=2라는 공식이 맞지도 않을뿐더러 책에서 배운 내용이 통용되는 공간도 아닙니다. 겸손을 몸에 붙이고 살면 오히려 내가 배워야 할 것들, 인생에서의 가르침을 역으로 배울 수도 있습니다.

지금 사회는 3가지 '척'이 만연해 있습니다. '잘난 척', '있는 척', '아는 척'입니다. 특히 소셜미디어를 보면 잘난 척, 아는 척이 기본 디폴트인 것 같습니다. 그래서 겸손은 구식 느낌이 나기도 하고 능력이나 역량에 비해 멋있는 단어도 아니라고 느낄 수 있습니다.

하지만 그렇기 때문에 겸손한 마음이 오히려 돋보일 수 있는 역설의 시대이기도 합니다. 고객을 상대해야 하는 경영지도사 입장에서 첫 번째 자세로 놓아도 지나치지 않을 훌륭한 가치입니다.

경영지도사의 자세 2 - 교류

작금의 경영과 사회적 환경은 매우 급격하게 변화하고 있습니다. 내일이라도 대기업이 부도나고, 듣지 못한 기업이 수천억 원의 기업투자를 받는 일이 일어나도 놀랄 일이 아닌 시대입니다. 우리는 시장에서 강대 기업들이 어떻게 흘러가고 있는지 잘 파악하고, 새로운 강소기업으로 떠오르는 기업이나 새로운 사회 현상을 잘 파악하고 있어야 합니다.

경영 컨설팅의 최일선 현장에 있는 경영지도사의 경우, 문화·사회 트렌드가 변화하는 것을 캐치하고 새로운 변화의 물결이 보인다면 나의 지식으로 만들 수 있도록 항상 열린 마음을 가져야 합니다. 트렌드에 있어서는 'early adapter'가 되어야 하지요.

그렇다면 어떻게 항상 깨어 있을 수 있을까요?

- 협회에 가입해서 정기적인 뉴스레터를 받아보는 것
- 세미나, 강연에 참석하는 것

• 동기모임에 참석하고 정기교류를 하는 것

이 중 손쉬운 방법 중 하나는 동기회 모임을 정기적으로 추진하는 것입니다. 동기회 모임에는 다양한 업종에서 종사하는 동기들이 있습니다. 그들과 편안하게 내 회사에서 일어나고 있는 변화, 자신의 수진기업에서 느낀 점, 최근의 경영기법들을 주제로 토론합니다. 서로의 이야기를 듣고 생각하다 보면 나의 지식과 시공간이 커지는 것을 경험하게 될 것입니다.

경영·기술지도사에 합격했다면 경영기술지도사협회에 정식회원으로 가입하길 권합니다. 협회 역시 자금이 있어야 회원도 보호하고 자격증의 쓰임새를 넓히는 등의 사업을 확대할 수 있습니다. 회원이 많은 협회는 늘어나는 인원수만큼 여러 사업영역을 가져올 가능성이 커집니다. 결국, 그 혜택은 회원 모두가 받게 될 것입니다.

경영지도사의 자세 3 – 생각의 크기 키우기

자신이 담당하는 수진기업이 지금은 비록 1인 사업이거나 영세한 2, 3명의 소규모 사업일지라도 그 규모를 키우고 역량을 부풀려 그들의 생각 크기를 키워야 합니다. 그렇다면 생각의 질적 크기를 키우는 좋은 방법은 무엇일까요?

첫째, 책을 많이 읽고 본인만의 요약설명을 써보는 방법입니다. 고전적이지만 경제적인 비용으로 생각을 키울 수 있습니다.

둘째, 집이나 사무실에만 있지 말고 시장, 마트, 백화점에 나가서 주변을 관찰하는 방법입니다. 재미있는 물건, 흥미로운 전시, 이목을 끄는 배치 등을 관찰함으로써 내 생각의 크기를 키우는 발판을 만들 수 있습니다.

예를 들어보겠습니다. 다음은 교보문고에 갔을 때 찍은 사진입니다.

교보문고는 기억에 남을 만한 문장을 많이 만들기로 유명합니다. 이번에도 향기와 책이라는 단어로 또 한 번 걸작을 만들었습니다.

"향기는 책을 깨우고 책은 향기를 품는다."

교보문고에서는 '교보문고 향'이라는 룸 스프레이와 디퓨저를 판매합니다. 오감 마케팅을 진행함과 동시에 "향기는 책을 깨우고 책은 향기를 품는다."라는 마케팅 문구가 함께 어우러져, 지나가는 사람들을 잡아끄는 매력을 선보였습니다. 마케팅 분야로 경영지도사를 획득한 지도사라면, 이런 문구들도 잘 눈에 담아둡시다. 후일 활용할 기회가 분명히 생길 것입니다.

경영지도사의 자세 4 - 동반자 의식

경영지도사나 회계사 등의 전문자격증은 개인의 노력과 재능만으로 합격할 수 있지만, 그 자격증을 바탕으로 사업을 하고자 한다면 인간관계의 폭을 넓히고 함께 성장하려는 태도를 보여야 합니다.

삼성은 대한민국 굴지의 기업이자 글로벌 기업입니다. 심지어 대한민국 명문 유통업체인 신세계조차도 외국에 소개될 때는 삼성이라는 이름으로 소개되곤 합니다. 외국에서는 신세계를 삼성만큼 모르기 때문입니다.

이병철 회장의 뒤를 이은 이건희 회장의 능력에서 제일이라고 평가되는 것이 있습니다. 세간에 널리 알려진 이야기지만, 이건희 회장은 자신의 부족한 부분을 직시하면 그 분야의 전문가의 의견을 경청해 위기를 극복하는 전략가입니다. 중요한 의사결정을 내릴 때, 여러 전문가의 의견을 취합하는 시스템을 만들었다는 건 이제 막 경영지도사를 합격한 우리에게도 시사하는 바가 크다고 할 수 있습니다.

컨설팅 현장에서 내가 자신 있는 분야에서만 컨설팅할 수는 없습니다. 기업의 여러 문제점에 대해 토탈 솔루션을 제공해야 하므로, 다방면으로 시장에 접근해야 합니다. 이때 내가 인적자원관리 분야가 전문이라면,

마케팅 분야와 생산관리 분야의 경영지도사와 같이 일했을 때 시너지 효과를 낼 수 있을 것입니다.

즉, 내가 부족하다면 동료와 협업하는 것을 우선으로 생각해야 합니다. 혼자서는 크고 복잡한 시장에 도전하지 못합니다. 이때 같은 경영지도사 시험에 합격한 동기 기수야말로 나에게 힘이 되어줄 수 있는 인맥들입니다. 좋은 컨설팅 결과는 내 평판을 뒷받침해주고 더 크고 좋은 프로젝트를 가져옵니다.

경영지도사의 자세 5 – 나이 듦의 미학

경영지도사에 합격한 연령대는 20대에서 60대까지 무척 다양합니다. 20대 약관의 나이에 경영지도사를 합격한 사람도 있습니다만 30대, 40대에 직장을 다니면서 주경야독으로 합격한 사람도 있습니다.

나이를 떠나서 누구나 합격의 기쁨을 누리지만, 나이대별로 다음 스텝에 대한 고민이 다른 것도 맞습니다. 특히 40~50대에 합격한 사람들의 고민이 제일 큰 것 같습니다. 아무래도 인생 2부를 준비해야 하는 시기이니까요. 퇴사 후 이 나이에도 컨설팅 시장에서 새롭게 적응할 수 있을까, 하는 고민이 제일 큰데, 제 생각으로는 '나이 듦이 문제가 아니라 포기하는 게 제일 두려운 일'인 것 같습니다.

경영지도사 업(業)은 지식산업이기 때문에 경험과 경력이 큰 자산입니다. 나이 듦은 곧 경력이 있다는 말이기 때문에, 나이 듦을 단점으로 생각하지 말고 장점으로 생각해서 발전시켜 나아가야 합니다.

〈 나이 듦의 장점 〉

- 경험과 지식이 많이 쌓여있다.
- 내가 잘할 수 있는 것과 못하는 것을 잘 알고 있다.
- 내가 도움이 필요할 때 누군가에게 연락하면 되는지를 안다.
- 피해야 할 사람과 걸러야 할 사람이 누구인지를 알 수 있다.
- 주변에 사업하는 지인들이 많이 생겨나고 있어서 사업에 대한 컨설팅 혹은 사업동행을 할 수 있다.

경영지도사의 자세 6 - 직업윤리

직업윤리란 직업에 종사하는 사람들의 윤리의식으로, 보편타당성을 가진 정신상태나 행위규범을 의미합니다. 단순하게 말한다면, 직업인으로서 마땅히 지켜야 하는 도덕적 가치관을 말합니다.

경영진단, 경영 컨설팅이라는 특수성을 가진 컨설턴트는, 겉으로 드러난 직업윤리만 생각할 게 아니라 직업윤리 밑에 자리 잡은 근본 혹은 이념도 같이 중시해야 합니다. 경영지도사의 직업윤리 중 특히 중시되는 이념으로 전이와 가치실현 두 가지를 생각합니다. 내가 참된 경영지도사가 될 수 있는 건 나의 가치실현을 이루고 있기 때문입니다. 엄밀하게 말하면 나 자신의 가치실현보다는 내가 컨설팅한 수진기업의 가치실현을 이뤄내기 때문에 내가 참된 경영지도사로 나아갈 수 있는 것입니다.

수진기업의 절박한 마음이 내 마음속으로 들어오지 않으면 평범한 솔루션이 나올 확률이 높습니다. 혹은 기존에 유사한 컨설팅보고서가 있다면 대부분 내용을 차용해서 종결지을 수도 있을 것입니다. 단순히 보고서를 채우기 위한 대안이 아닌, 내 마음속의 울림에 따른 개선안이 나올 수 있도록 상담기업의 마음을 헤아리는 자세가 필요합니다.

> **과거와 지금의 윤리의식 변화**
>
> - 과거에는 보편적이고 규율의식이었다면 지금은 책임의식과 전문의식으로 변하고 있습니다.
> - 우리 선조의 대표적인 직업윤리 단어로는 '장인정신'이 있습니다.

경영지도사의 자세 7 – 지속가능한 성장

모든 시험은 합격하기 위한 절대 시간이 존재합니다. 물론 평균적인 시간을 투자하지 않았음에도 합격할 때도 있고, 평균 이상의 몇 배를 투자하고도 불합격할 때가 있습니다.

과거에는 관이나 공공기관 출신들에게 퇴직 후에도 경제생활을 이어갈 수 있도록 자격증을 주었던 적이 많았습니다. 그러나 최근 전문자격증은 철저하게 경험과 지식을 바탕으로 절대시간을 투자해야만 합격할 수 있습니다. 거품이 없는 전문자격사가 탄생하는 것입니다.

자격증이 자격증 이상의 가치를 받고 경영지도사로서 인정을 받기 위해서는 합격한 후에도 지속해서 지식을 습득해야 합니다. 가장 큰 이유는 다음과 같습니다.

첫째, 경영지도사는 B2B보다는 B2C를, 대기업이나 민간시장보다는 정부기관, 소상공인, 중소기업을 주로 상대하는 컨설턴트 자격입니다. B2C는 소비자를 직접 상대하는 사업구조이기 때문에, 끊임없이 변하는 소비자의 트렌드에 적합한 새로운 마케팅 기술이 적용되는 분야입니다. 따라서 경험, 지식, 연륜의 기반하에 사고의 유연성, 산업이해, 트렌드 파악 등의 꾸준한 노력이 수반되지 못하면 자격증 이상의 값어치를 생성해내지 못합니다.

둘째, 요즘 기업의 지배구조를 보면 1세대 창업자가 있더라도 후세대의 젊은 후계자들이 경영수업을 받거나 혹은 이미 대표자리를 물려받은 상황이 많습니다. 이런 젊은 대표들은 기존의 창업주, 경영자와 다른 세대입니다. 이들은 감이나 촉으로 사업을 확장해왔던 선대 경영자와 달리, 경영학 석사를 기본으로 깔고 이론과 지식을 겸비합니다. 때문에 어설픈 지식으로 컨설팅을 하면 이들을 설득할 수가 없습니다.

2세 경영자들만 지식이 많은 게 아닙니다. 가족승계가 아니라 전문경영인 체제로 전문경영인을 내세웠다면, 그 역시 해당 분야에서 잔뼈가 굵은 사람들입니다. 2세 경영이건 전문경영인이건 경영지도사는 오히려 나보다 지식이 높은 사람을 상대할 수 있음을 항상 인지해야 합니다. 그러므로 계속 공부해야 합니다. 하지만 경험과 지식의 연륜이 든든하게 받쳐주는 자격증은 거품이 없습니다.

경영지도사의 자세 8 - "고맙습니다. 감사합니다."

"고맙습니다, 감사합니다."라는 말을 습관처럼 반복해서 말씀하시기 바랍니다. 회사라는 배경에서 벗어나 나의 사업으로 뛰어드는 순간부터, 내 사업은 조직의 배경이 아닌 순수한 나의 실력과 성품으로 평가받게 됩니다.

큰 조직에서 근무했던 경력자의 대표적인 착각은 '나는 회사 재직 시에 협력회사와 갑을관계로 일하지 않았어, 오히려 내가 을이었어.'라고 생각한다는 점입니다. 아무리 외부 이해관계인과 공정한 관계로 거래했다고 할지라도, 오더를 발주하는 곳과 수주하는 곳은 갑을관계가 생겨납니다. 공정한 거래를 한다고 생각했기에, 오더를 발주하고 납품을 받아 납품단가에 따라 비용을 지불하면 표면상으로는 문제 될 것이 없어 보입니다. 그래서 "수고했습니다.", "감사합니다."라는 표현도 생략될 수 있었을 겁니다.

그러나 지금부터 당신이 하는 "고맙다."는 말 한마디는 당신을 경영지도사 이상의 사람, 컨설턴트 이상의 매너를 갖춘 컨설턴트로 만들어줄 겁니다. 꼭 수진기업뿐만이 아니라, 나와 같은 기수, 동기, 동료에게도 "고맙습니다. 감사합니다"라는 인사를 건네길 바랍니다. 그 한마디로 당신은 남다른 사람이 됩니다.

갑을관계와 상사에게 듣는 말 한마디의 위력

- 외부사람하고만 갑을관계가 형성되는 것은 아닙니다. 같은 회사에서도 갑을관계는 존재합니다. 회사마다 엄연한 실세라 불리는 상위부서가 있

고 지시를 내리는 부서가 있습니다. 그리고 직급에 따른 갑을관계도 역시 존재합니다. 그만큼 나의 등을 맡길 수 있는 파트너가 되거나 동료가 된다는 것은 어려운 일입니다.
- 상사에게 듣는 "고생했다.", "고맙다."라는 말 한마디는 팀원의 자신감과 자존감을 높여줍니다. 상사에게 내가 인정받고 있다고 느끼면 소속 부서와 직속상사에게 더욱 높은 충성심을 보이게 됩니다. 그만큼 말 한마디의 위력은 우리 생각보다 큽니다.

경영지도사의 자세 9 – 지금부터 만드는 인연

경영 컨설팅이라는 같은 길을 걷더라도 나보다 앞서 있고 실력이 출중한 경영지도사가 있습니다. 그와 직접 알고 있다는 것을 축복이라고 생각하고 그와 함께 동료로서 성장하고 싶다면, 마음을 열고 정보를 공유하는 자세가 필요합니다. 본보기가 되는 경영지도사는 지속적인 자극을 줍니다. 나태하지 않게 하고, 한 단계, 두 단계 더 앞으로 나아갈 수 있도록 도와줍니다.

그에게 주는 것 없이 받고자 하는 심리가 앞설 수 있습니다. 우리는 앞서간 사람이 자신을 위해 선물보따리를 풀어줄 것을 기대하고 이제 갓 시장에 나온 자신을 안정적인 길로 빨리 안내해주기를 기대합니다. 이런 심리는 훌륭한 동료가 될 수도 있었던 사람을 시기와 질투의 대상으로 변질시키는 원인이 됩니다.

우리에게 도움의 손을 뻗쳐주는 귀인은 멀지 않은 곳에 있습니다. 내가 만났던 인연은 과거의 시간이지만, 내가 지금부터 만들 인연은 컨설턴트로서의 시간이란 걸 기억하면 좋겠습니다.

> **이기려면 함께 가라**
>
> - 혼자 힘으로 커다란 목표를 달성할 수 없으므로 그 커다란 목표를 함께 이루어 성공할 사람을 선택해야만 한다. 인맥 지도를 만들면 커다란 목표달성을 위해 함께 나아가야 할 사람들이 누구인지 정리하는 데 도움을 준다.
> - 세상을 보는 방법은 두 가지 방법이 있다. 한 방법은 모든 만남을 인연으로 보는 것이고, 또 다른 한 방법은 모든 만남을 기적으로 보는 것이다. (아인슈타인)
>
> 출처 : 『이기려면 함께 가라』

경영지도사의 자세 10 - 움켜쥐는 vs 나눠주는

정보를 내 손안에 움켜쥐고 있는 경영지도사가 아니라 정보를 나눠주는 경영지도사가 되어야 합니다. 경영컨설턴트 동료와 이야기를 나누다 보면, 고객사와 업무미팅을 할 때는 계약항목에 관해서만 이야기를 나누고 그 외 항목에 대해서는 정보를 굳이 나누지 않는 게 좋다고 말하는 이도 있습니다.

틀린 말은 아닙니다. 일차적 이유는 정해진 항목에 대해서만 컨설팅을 해도 시간이 부족한 경우가 태반이고, 이차적 이유는 계약항목 외 사항을 지도했다고 해서 초기 계약금액이 상향되는 일이 많지 않기 때문입니다.

그렇지만 저는 정보를 나눠주는 경영지도사가 되어야 한다고 생각합니다. 부동산중개소를 생각하시면 이해가 쉬울 겁니다. 집이 필요해서 내가 잘 모르는 지역의 부동산 사무소를 방문했는데, 그냥 집만 소개해주는 A 부동산중개소와, 집 소개는 물론이고 지역, 상권, 교육 등 매물의 장단점까지 정보를 나누는 B 부동산중개소가 있을 때, 여러분은 어디를 선택할까요? 비용을 추가지급하지는 않더라도 계약은 B 부동산중개소와 하겠죠.

경영지도사 업(業)과 부동산중개업은 업종은 다르지만, 상대방의 관심거리, 고민거리를 해결하는 컨설팅이라는 상위관점에서 보면 본질은 같다고 할 수 있습니다. 단순히 계약 성사에만 관심을 두고 한정된 정보만 이야기하는 것보다는 내가 가진 정보를 상대방에게 맞춤 형태로 베푸는 경영지도사가 더 경쟁력이 있습니다.

2. 설레지만 어려운 단어 '시작'

　상담하다 보면 때로는 상대방의 말에 오히려 감동과 자극을 받을 때도 생깁니다.

　아직도 잊히지 않는, 롯데 잠실점에 방문했을 때의 일입니다. 본사에서 새로운 판매정책을 내놓았는데, 일부 매장에서 실행하는 것을 두려워한다는 분위기를 전달했더니 한 점장님이 이렇게 이야기했습니다.

　"김 과장님. 내가 볼 때는 이 정책이 이미 하는 중이었다고 하면 오히려 두려워하지 않았을 것 같아요. 일단 시작하면 목표가 생기니깐 그때부터는 달성하려는 의지와 실행력만 남게 되거든요. 오히려 시작조차 하지 않았을 때, 그러니까 할까 말까 두드려볼 때가 더 두려운 것 같아요."

　그분이 생각하는 방식과 도전의식에 제가 많이 배웠습니다.

　경영지도사는 국가전문자격증이기 때문에 전문가다운 모습과 논리적 사고를 보여야 한다는 강박관념이 생기곤 합니다. 남을 의식하는 마음이 강해질수록 자연스럽게 나올 수 있는 말도 남의 눈치를 보게 되고, 새로운 시도에 머뭇거리게 됩니다.

　새로운 일을 만나게 될 때 두려움과 설렘이라는 두 가지 감정이 서로 교차하면서 서로 우위를 겨루게 됩니다. 두려움이 설렘보다 우위에 서면 실현 가능성과 성공 가능성에 지나칠 정도로 돌다리를 두드리게 됩니다. 한 번 점검하고, 두 번 점검하고, 세 번 또 점검하는 게 나쁠 것은 없지만 너무 심하다 보면 시작 자체를 못 하게 됩니다.

　"첫발을 떼기 어렵지 막상 첫발을 떼게 되면 어렵지 않다."는 말은 두고두고 가슴에 새겨둘 말입니다. "두려운 마음은 아직 시작조차 안 했기에 생긴다."는 말의 여운이 아직도 제 가슴에 남아 있습니다.

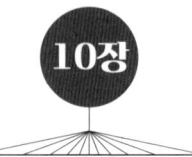

경영지도사의 미래

1. 직장인의 모습과 책임의 무게감

인생의 전 주기에서 20대, 30대는 자신감 넘치고 열정적이고 때로는 세상이 만만하게 보이는 시절입니다. 그렇게 호기롭던 시절이 지나고 어느덧 40대, 50대에 접어들면 입사 초기의 열정은 사라지고 다른 사람의 성과에 숟가락을 얹으려 하거나 회사대표의 눈에 띄지 않으면서 조용히 묻혀 지내기를 원하는 사람들이 많습니다.

회사에 애착이 있고 회사 내 입지에 야망이 있는 사람들은 출근 후 곧장 업무에 매진하는 모습을 보여주지만, 소수에 불과한 게 현실입니다. 문제는 이런 안락함이 영원히 지속되지 않는다는 점입니다. 안락함이 끝나면, 그 안락함에 절여져 있던 사람이 다시 열정을 되찾기까지는 무척 긴 시간이 필요할 수 있습니다.

큰 힘에는 큰 책임이 따른다

경영지도사의 말 한마디, 보고서 한 줄이 수진기업의 미래를 결정지을 수도 있습니다. 경영지도사의 진입 초기에는 상담건수를 어떻게든 많이 올리기 위한 심리가 작용합니다. 남에게 뒤처지면 안 된다고 생각하기에 가진 능력보다 과하게 운영합니다. 간혹 상황에 따라서는 내가 잘 알지 못하는 분야를 진단하거나, 대표의 생각과 완전히 다른 결과를 내놓을 수도 있습니다.

큰 힘에는 큰 책임이 따르고, 높은 자리에는 높은 책임이 따릅니다. 경영지도사의 말과 행동, 의견은 그래서 큰 책임을 집니다. 큰 책임을 지기 때문에 스스로 계속 공부하고, 마인드를 오픈하고, 현재와 미래 트렌드는 어떻게 변할 것인지 늘 촉각을 곤두세워야 합니다.

직급에 따라 다르겠지만 일반적인 직장인이라면 사업 프로젝트가 좌초되었거나 실패했더라도 그로 인해 회사가 망하거나 사업부가 없어지거나 하는 경우는 흔치 않습니다. 하지만 컨설턴트가 내리는 컨설팅의 무게는 일반 직장인의 무게감과 엄연히 큰 차이가 있습니다.

이런 면에서 보면 경영지도사업(業)은 팀플레이로 사업을 운영하는 게 더욱 정확한 컨설팅 결과를 도출할 수 있고, 내부적으로도 서로의 실력을 향상시키는 방법일 수 있습니다. 이때 팀플레이를 하게 된다면 동료를 자신의 부족한 곳을 채워주는 동업자, 동반자로 바라봐야 합니다.

팀플레이 vs 스타플레이어

- 팀플레이가 잘 되었을 경우와 안 되었을 경우가 극명한 분야가 스포츠와 게임입니다. 팀플레이는 각 선수들의 개인기가 떨어지더라도 동료가 나의 약점을 채워주고 동료가 못 가진 부분을 내가 채울 수 있습니다. 어떻게 게임을 운영하는지, 누구를 이번 게임에서 내보낼 것인지도 우승의 향방을 좌우합니다.
- 팀플레이를 하면 스타플레이어가 한 명은 나오게 됩니다. 스타플레이어를 질투하지 말고 스타플레이어가 팀의 발전과 확장성에 창의적으로 움직일 수 있도록 지지하고 격려하기 바랍니다.

2. 컨설팅 시장으로의 접근

경영·기술지도사는 기본적으로 중소기업 경영 컨설팅을 목적으로 탄생한 자격증입니다. 하지만 현실적으로는 소상공인, 소기업, 중소기업 등이 경영·기술지도사의 접근범위에 해당합니다. 중견기업과 대기업은 인력, IT, 자금 등이 훌륭한 만큼 시스템적으로 운영되는 부분이 많고 인적자원이 풍부해서 자체적인 컨설팅을 할 수 있기 때문입니다.

최근에는 스타트업 컨설팅이 많아지고 있습니다. 창업보육센터 혹은 투자회사에서의 경력이 있는 지도사라면, 스타트업 컨설팅에 접근하기도 쉽고 스타트업에 특화된 컨설팅을 선보일 수 있습니다.

필자의 경우 기업체에서 25년을 근무했습니다. 나름대로 규모가 있는 기업을 다녔기에, 외부 컨설팅을 옆에서 많이 보기도 했고 간혹 자문역으로도 참여해봤습니다.

다양한 컨설턴트를 접해본 결과, 그들이 가지고 있는 학력이나 자격증 숫자보다 고평가된 컨설턴트도 있었지만, 경험을 보유한 컨설턴트는 침착한 상황판단과 논리전개로 듣는 사람의 고개를 끄덕이게 만든다는 사실을 알았습니다.

경영지도사 자격증을 취득했다고 해서 컨설팅 프로젝트를 처음부터 끝까지 이끌어가는, 누구나 만족할 만한 전문가가 되기에는 분명 한계가 있을 겁니다. 하지만 경영지도사로의 인생설계는 전업을 하기 전에 반드시 세워야 합니다.

첫째, 현장과 실무를 알고 수진기업이 필요로 하는 부분을 해결할 수 있는 실력을 반드시 겸비해야 합니다. 수진기업이나 공공기관에서는 컨설팅 기업의 만족도가 높다면 다른 기회에 소개하는 경향이 높습니다. 따라서 최초로 컨설팅한 기업이 내가 제공하는 서비스에 만족하고 그 기업이 다시 2차 기업을 소개해주는 관계를 만들어야 합니다. 이 경우 만족도평가가 큰 판단기준이 됩니다.

둘째, 어떤 경영지도 분야에서 승부를 겨룰 거냐는 결정과 어떤 가격으로 나의 무형지식을 제공할까에 대한 범위를 압축해야 합니다. 컨설팅 수수료의 경우, 공공기업은 단가가 정해져 있지만 사기업은 그렇지 않습니다. 고객이 충분히 만족할 만한 상담 분야, 컨설팅 분야를 빨리 찾을수록 전문가로서 제대로 된 비용을 받으며 살아남게 될 것입니다.

셋째, 경영지도사 분야에서의 비즈니스 수익구조를 구축하면서, 어디를 주수익원, 부수익원으로 하고 각각의 수익구조 간 상호보완 구조를 만들 것인지에 대한 설계가 필요합니다. 컨설팅 규모가 크다면 그 한두 건으로 연간 수입체계를 만들 수 있습니다. 하지만 경영지도사로서 출발 초기에는 컨설팅 외에도 강의를 비롯한 기타 수입원이 있어야 계획에 차질이 발생하더라도 부족한 부분을 메꿀 수 있습니다.

3. 컨설팅 시장의 변화

우리보다 전문가를 만날 확률의 증가

사람과 사람을 만나고 대화를 하다 보면 '능력 있는 사람들이 이렇게나 많았어!' 하면서 깜짝 놀라게 됩니다. 심지어 그런 능력자들이 부지런하기까지 합니다. 새로운 것을 탐구하고 공부하고 운동을 통한 체력관리도 놓치지 않습니다.

도대체 이런 능력자들은 어디에 있다가 지금 나타나는 걸까요? 실제로는 그들이 어느 날 갑자기 내 앞에 나타난 것은 아닙니다. 그동안 우리 대부분이 조직 내에 머무르기 때문에 외부 현실에서 부딪칠 기회가 없었을 뿐입니다.

알게 모르게 조직생활을 하는 동안 우리는 모두 울타리 안의 양이 된 것입니다. 야생에서의 실전경험과 성공·실패 스토리를 가진 능력자들을 현실에서 만나면 주눅이 들 수도 있습니다. 내 지식과 경험이 실력을 발휘하지 못할 수도 있습니다.

어떻게 돌파해야 할까요? 그동안의 지식과 경험에 야전경험을 넣어야 합니다. 그런 야전경험은 어떻게 넣을 수 있을까요? 우선은 경영·기술지도사가 사업참여자로 신청할 수 있는 곳에 응모하고 신청해야 합니다. 심사위원, 평가위원을 모집하는 곳이라면 일단 신청서류를 넣습니다. 특히 내가 접해봤던 해당 산업이라면 두말할 이유가 없습니다.

IT 기술의 발달과 경영지도사의 대처 속도

안타깝게도 IT 기술의 발전속도와 경영지도사의 대처속도는 비례하지 않고 별개로 갈 가능성이 존재합니다. 자본력과 인적 인프라가 풍부한 컨설팅펌이 아닌, 1인 기업 등 소수로 움직이는 경영컨설턴트의 대처 능력은 상대적으로 떨어질 가능성이 큽니다.

IT 기술이 발달할수록 기업자원의 통제기능은 강화되면서 시간효율성이 분명 좋아질 겁니다. 따라서 컨설턴트를 바라보는 기업의 시선도 상향 평준화될 가능성이 있습니다. IT 기술의 발달이 경영 컨설팅 시장에 어떤 변화를 가져올 것인지 고찰해야 합니다.

4차 산업혁명이 가져올 미래사회 모습 4가지

1. 일자리, 창업, 산업, 경제 영역
   - 긍정 : 기술융합으로 신산업 및 일자리 탄생
   - 부정 : 일자리 감소, 고용불안 등 사회문제 발생
2. 인공지능, 빅데이터, ICT 기술의 발달로 인한 '초지능화'
   - 긍정 : 풍부한 지식과 정보 습득 가능
   - 부정 : 기억력, 인지능력 등 하락 우려
3. 모든 것이 서로 연결되는 '초연결사회'
   - 긍정 : 일상화로 공간제약 완화
   - 부정 : 해킹, 사생활 침해 등의 위험 상승
4. 접속과 공유를 기반으로 하는 '공유경제, 공유사회'
   - 긍정 : 렌탈, 카쉐어링 등 소유하지 않아도 편리하게 빌려서 사용

> 부정 : 이해당사자 간 사회적 갈등 발생 또는 가치관의 혼란 야기
>
> 출처 : 2021년 대한민국 정책브리핑

고령화 사회와 컨설팅 시장의 변화

우리나라는 초고령사회로 진입하고 있습니다. 고령화는 국가의 생존을 결정할 만큼 크나큰 사회변화를 가져옵니다. 노동력 자체가 나라를 지탱하는 경제의 한 요소인데, 노동력이 없어지고 있다는 것은 결국 나라를 지탱하는 경제의 한 축이 없어지고 있다는 이야기입니다.

이런 현상을 막기 위해 정부는 정년을 늘리기 위한 법안을 준비 중이지만, 결코 근본적인 해결책이 되지는 못합니다. 머지않은 미래에 이런 상황이 올 수 있다고 예측해볼 수 있습니다.

- 역외인구 증가
  국내 인구가 줄어들고 있는 만큼 외국인 노동자의 대칭적 증가
- 생산연령의 역피라미드 구조
  10명이 일한다고 할 경우, 70세 노인 5명, 60세 노인 3명, 50세 2명으로, 생산연령의 역피라미드 구조 성립
- 전 산업에서 AI, 로봇산업 가속화
  역외인구가 수입되어도 한 국가의 순수인력이 사라지는 숫자를 대체하지는 못할 가능성 있음. 결국, 인력을 대체할 AI, 로봇산업의 급속한

발전 및 생활침투가 예상됨

이런 상황이 되면 어떤 이슈들이 표출되고 컨설팅 과제로 뜨게 될지 예상하고 준비하면 좋은 기회를 선점할 수 있을 것입니다.

산업으로는 건강관리, 의료사업이 뜰 것이고, 기업 내부적으로는 실력 있는 시니어 인력을 채용하는 것, 생산연령이 높아지는 만큼 산업안전과 관련된 관리·감독이나 모니터링, 외국인 근로자가 늘어나는 만큼 HR 이슈가 지금보다 더 주목받을 것입니다.

그렇다면 경영지도사는 건강관리, 의료시장에 관한 공부를 미리 해놓고, 구직자와 구인자를 연결할 수 있는 회사를 직접 운영하거나 네트워크를 만든다면 좋은 미래의 경쟁력이 될 것입니다.

고령화 사회에 따른 기회

양이 있으면 음이 있고 정이 있으면 부가 있듯이 고령화 사회에는 새로운 비즈니스 기회도 생겨날 것입니다. 대표적인 게 '실버경제', '실버산업'입니다. 실버산업이라고 할 경우, 실버타운, 실버치료 등을 거론하지만, 저라면 실버재테크 컨설팅을 할 수 있도록 준비하겠습니다. 노년층으로 갈수록 금융지식의 활용이 제한적일 수 있기 때문에, 현재 중장년에 초점이 맞추어진 금융 컨설팅이 점차 노년층을 대상으로 한 노인지원금융 컨설팅이라는 전문 분야로 새롭게 뜨게 될 것이라고 예측합니다.

4. 경영지도사 창업(전업)

회사를 오래오래 다니는 게 좋을까? 이참에 독립하는 게 좋을까? 이는 정답이 없는 질문입니다. 다만 회사를 오랫동안 다니면 좋은 점도 많지만, 시간이 지날수록 회사 밖에서의 나의 생산능력과 생산수단은 퇴보하기 쉽습니다.

회사에 어떻게든 남겠다고 마음먹은 순간부터 주변에는 비슷한 부류의 사람들만 남는데, 그 부류의 대부분은 버티자는 생각을 가진 경우가 많은 게 현실입니다. 결국 모든 능력이 퇴화하고 시간이 지나서 어정쩡한 시기에 퇴사하게 됩니다.

특히 대기업에 다니는 사람들은 자신에 대한 프라이드가 무척 강합니다. 협력회사를 찾아가면 대부분 좋은 대우를 받는데, 이런 대접을 받는 배경에는 회사가 큰 지분을 차지한다는 사실을 망각하곤 합니다.

어느 분야든 그 분야에서의 TOP(상위 10%)은 해당 영역에서 큰 수익을 발생시킨다고 합니다. 경영지도사 역시 상위 10퍼센트 안에 들면 대기업 부장급 이상의 수익을 창출합니다. 상위권에 있는 전문가들은 그 사람 이름 자체가 브랜드이고 콘텐츠이자 경쟁력입니다. 경영지도사의 주요 사업 분야인 컨설팅은 지식산업이다 보니 한 영역에 머물지 않고 타 영역으로 무한확장이 가능합니다. 그리고 그만큼 지식경영을 하는 인적자원의 값어치는 갈수록 올라갈 것입니다.

무엇이든지 아는 만큼 보입니다. 경영지도사 창업을 할 경우, 창업에 따른 부정적인 측면보다 긍정적인 측면을 더욱 높게 보기를 바랍니다. 창업이란 게 점검하고 조심하는 것은 좋지만 그 조심성 때문에 시기를 놓치게 될 수 있음을 명심해야 합니다.

다니던 직장을 그만두고 개인사업이나 법인을 차린 경영지도사들에게 이런 질문을 한 적이 있습니다. "경영지도사 자격증으로 창업을 하기 전에 '이렇게 하고 나왔으면 더 좋았을 텐데'라고 생각한 게 있습니까?"라는 질문에 가장 빈번하게 나온 답 5가지를 적어봅니다.

1. 나의 잠재고객을 예상하고 창업 전에 만나서 인사하기
2. 내가 만나는 사람들이 어떤 고민을 하고 있는지 물어보기
3. 내가 만나는 사람들이 속한 산업환경에 대해 아이디어 던져보기
4. 사업하면서 어려웠던 고비와 그 고비를 어떻게 넘겼는지 대화하기
5. 정부지원 사업 중에서 이용 중인 사업이 무엇인지 물어보기

경영지도사 창업을 결심했다면 자기관리가 필요하다

매일 아침 주식으로 바나나를 먹었던 적이 있습니다. 바나나를 사본 사람은 알겠지만, 바나나는 사흘 정도 지나면 껍질에 점이 나타나면서 물러터지게 됩니다. 저렴하게 사겠다는 욕심에 많이 사면 꼭 이렇게 못 먹고 버리는 바나나가 생기곤 합니다. 그러던 어느 날 친구 집에 갔더니 바나나를 보관용 걸이에 걸어서 보관하고 있더군요. 인테리어 효과가 좋다고 말을 건넸더니, 친구는 인테리어 목적도 있지만 바나나 유통기한을 늘려주는 효과도 있답니다. 단지 보관방법만 달라졌을 뿐인데, 바나나의

신선함이 오래 가는 마법을 저 역시 보았습니다.

　사람은 누구나 태어나서 성장하며 학습하고 그 학습한 양에 일정 부분 비례해 돈벌이를 합니다. 누군가는 소득행위가 50세에 끊길 수도 있고, 누구는 60세, 누구는 80세까지도 행위를 영위할 것입니다. 이런 차이는 바나나걸이와 같은 효과 때문은 아닐까 생각해봅니다. 똑같이 시장에 나온 상품일지라도 나를 어떻게 관리하는지에 따라, 나라는 상품의 유통기한은 50세까지 80세까지 다양한 격차가 벌어지는 것입니다. 따라서 경영컨설턴트를 하는 사람들은 이런 목표의식이 있으면 좋겠다고 생각합니다.

> 첫째, 오래 생존하는 걸 첫 번째 목표로 삼는다.
> 둘째, 오래 생존하고 내가 멋진 모습으로 항상 남도록 다음과 같은 노력을 한다.
> 　- 꾸준한 운동을 통해 균형 잡힌 몸을 유지한다.
> 　- 부스스한 얼굴보다는 윤기 있고 생생한 얼굴을 만든다.
> 　- 캐주얼보다는 격식 있게 세미포멀한 옷차림을 한다.
> 　- 낡아빠진 신발보다는 반듯한 신발을 신는다.
> 　- 교양을 키우고 학습을 위한 노력을 꾸준히 이어간다.

　바나나를 바나나걸이에 걸면 왜 오래 갈까요? 바나나가 아직 나무에 매달려 있는 것으로 착각해서 형태변형이 늦게 일어나기 때문이라고 합니다. 과학적 사실은 모르겠지만 이렇게 걸어두면 바닥에 두는 것보다 오래 가는 것은 사실입니다. 실내장식 효과도 있습니다.

나의 유통기한을 늘리는 것은 나라는 브랜드의 성장과 궤를 같이합니다. 나의 품질이 좋지 않은데 겉으로 보이는 유통기한만 늘리면 결국 매장에서 진열대에 오랫동안 있어도 손이 안 가는 제품과 같은 모습이 됩니다.

전업을 위한 3가지 필수조건

전업을 고려하는 많은 경영·기술지도사 합격생들이 있을 것입니다. 저 역시 상당히 많은 시간을 전업에 대해 고민했으나, 속 시원하게 조언이나 가르침을 받을 곳은 많지 않았습니다. 컨설팅 시장이 활황일 때에는 누구나 전업을 적극적으로 고민하지만, 컨설팅 시장이 침체하면 창업에 대한 열정이 상대적으로 많이 수그러듭니다. 그리고 그동안 호기 넘치게 생각하던 전업의 꿈은 접고, 시장이 안정화될 때까지 당분간 회사에 충성하겠다는 사람들이 늘어납니다.

그러나 결국 회사를 나와야 하는 시점이 옵니다. 나이가 들어 퇴사하면 재취업도 힘든 데다, 재직 시에 고위직이었다면 다시 남의 밑에 들어가 일을 한다는 게 말처럼 쉽지 않습니다. 결국 내 사업을 해야 하는구나 싶은 시기가 오고, 회사의 배경이 아닌 나의 온전한 실력으로 경제생활을 해야 하는 것은 일부 상위계층을 제외하면 필연일 겁니다.

어차피 다가올 운명이라면 억지로 등 떠밀려서 회사를 나오는 것보다는, 내가 먼저 전업할 수 있는 조건을 조금씩 만들어놓고 일정 목표에 도달했을 때 스스로 회사를 나오는 방법이 좋습니다. 전업조건은 사람마다 경제적, 환경적 차이가 나기 때문에 일률적으로 규정할 수 없지만, 최대한 아래 3가지 조건을 충족하고 나서 전업하는 걸 권장합니다.

1년 치 생활비 마련

전업 1년 차에는 계획 대비 수입이 좋지 않을 수 있습니다. 현금흐름이 끊어지면 전업 1년 차에 발생하는 초조함을 이겨내지 못합니다. 1년 치 생활비는 맥시멈으로 설정해서 마련해둬야 생각지 못한 상황이 발생했을 때 당황하지 않게 됩니다. 생활비가 마련되지 않은 상태에서 생계형 전업을 하게 되면 본인과 가족의 심적 스트레스가 전업의 열정을 누르게 될 것입니다.

컨설팅 실력 구비

기본적으로 경영진단, 경영 컨설팅을 할 수 있는 실력은 필수입니다. 사업계획서 작성경력이 있거나 상품기획, 유통기획, 재무관리 등 회사운영에 필요한 일을 자기 주도적으로 해본 경력이 있어야 합니다.

네트워크 형성

혼자서 모든 것을 만들지 못합니다. 회사에서는 자연스럽게 정보입수가 가능하지만, 전업하는 순간 오롯이 혼자 힘으로 정보를 수집하고 내 사업에 응용해야 합니다. 그리고 사업이 부진할 때 혼자서 동분서주해야 하는 전업은 특히 외롭습니다. 이에 대비해 주변 동기나 동료들과 꾸준히 교류해 나만의 네트워크를 형성해두어야 합니다.

김연아 선수가 하루아침에 올림픽 금메달을 따고 박태환 선수가 국가대표가 되자마자 신기록을 수립하지는 않았습니다. 기본실력과 능력이 있다고 해서 갑자기 전업하자마자 대박을 터뜨리고 고액 수입자가 되는 것이 아닙니다.

그럴 만한 실력과 열정이 기본으로 깔려 있고, 중장기에 걸쳐 반복적으로 지식을 습득하고 훈련을 받으며, 사람과의 네트워크가 형성되어야 전업의 결실을 맺을 수 있습니다. 단기간에 고액을 벌겠다는 목표보다는 꾸준히 하다 보니 성공한 전업 경영·기술지도사가 되었더라는 경우가 더 좋다고 생각합니다.

경영지도사로
독립하기

전업 vs 겸업

1. 신입 경영지도사의 고민 _ 겸업과 전업의 선택

신입 경영지도사의 고민은 크게 두 가지로 압축됩니다. 첫째, 혼자 할 것인가, 같이 할 것인가? 둘째, 겸업할까, 전업할까?

경영·기술지도사는 자격증이 있는 전문가지만, 시험합격 후 컨설팅 혹은 심사·평가위원에 위촉이 잘 되냐 안 되냐는 또 다른 이슈입니다. 현장 전문성을 기르기 위해서는 결국 현장에서 부딪쳐봐야 합니다. 혼자 나가서 부딪치기가 부담된다면, 초반에 협업 관계에 있는 지도사와 같이 다니는 것도 좋은 방법입니다.

시험 합격 후에도 여러 고민거리가 생기지만 그중에서도 겸업과 전업의 의사결정이 제일 커다란 고민거리인데, 이에 대해 하나씩 알아보도록 하겠습니다.

신입 경영지도사의 고민 - 겸업과 전업의 선택

경영·기술지도사 자격증 획득 이후 '그래서 어떻게 해야 하는 거지?'에 이어서 가지는 두 번째 고민은 겸업과 전업의 진로 선택입니다. 둘 중 어떤 선택을 할지는 개별별로 상황이 다르겠지만 보통 다음과 같이 나뉩니다.

보통 겸업을 선택하는 경우는 이렇습니다.

- 본업은 유지하면서 약간의 추가수입과 경험을 쌓고자 할 경우
- 현 직장에서의 조건이 좋아서 굳이 전업 필요성이 없는 경우
- 근로계약 기간이 남은 경우
- 컨설팅 시장이 커지거나 원하는 시장이 형성되기를 기다리는 경우

전업을 결정하는 경우는 겸업 이유의 반대입니다. 경영지도사를 전업으로 하고자 할 때는 다음과 같은 접근론적 고민을 하게 됩니다.

- 전업 시기 : 전업을 언제 하면 좋은가?
- 전업 형태 : 어떻게 하는 게 좋은가? 혼자 사업하는 게 좋은가? 동업하는 게 좋은가?
- 네트워크 : 개인의 정보력 한계를 어떻게 극복할 것인가?
- 사무실 : 비용발생이 되더라도 사무실을 차리는 게 좋은가? 사무실을 차린다면 어느 지역이 좋은가? 아는 사람의 사무실에서 잠깐 세 드는 것은 어떤가?

현실적으로는 경영·기술지도사 자격증을 획득하고 바로 전업활동을 계획하기보다는, 현재의 본업을 유지하면서 지도사 경력을 쌓고자 하는 사람들이 더 많습니다.

신입 경영지도사의 고민 – 전업할 경우 사무소 오픈

전업으로 하기로 했다면 그다음 고민은 사업자등록증 개설과 사무소 개소와 관련된 이슈로 넘어갑니다.

- 개업을 할 수 있는 자격을 취득했는데 그다음엔 어떻게 하는 거지?
- 내가 그냥 사업자등록증을 내고 사무소를 오픈하면 되는 건가?
- 사무실 오픈한다고 사람들이 나의 서비스를 이용할까?
- 실전경험이 없는데 어떡하지? 일단 누구 밑에 들어가서 일을 배우는 게 좋을까?
- 혼자 사업을 하는 것이 좋을까? 합동사무소를 여는 게 좋을까? 그런데 누구와 사무소를 같이 운영하지?

똑같은 고민을 했던 입장에서 정답은 아니지만 이렇게 접근하는 것도 방법이겠구나, 하고 살펴보기를 바랍니다.

신입 경영지도사의 고민 – 본업을 유지하며 경력을 쌓을 수 있을까?

경영·기술지도사는 국가가 인정하는 중소기업 경영 컨설팅 자격증입니다. 하지만 지금까지의 직업을 그만두고 전업을 결정한다면 지도사 혹은 컨설팅 시장에서는 신입의 위치에서 새롭게 기반을 만들어야 하는 리스크가 존재합니다. 기본적으로 사람의 본성은 지금 당장 (서서히 없어지고 있지만 그래도 남아 있는) 꿀단지를 버리고 (얼마나 쌓이는지 모르는) 새로운 꿀단지를 찾아간다는 결정을 쉽게 내리지 못합니다.

직장인과는 다르게 컨설턴트라는 사업자의 신분은 매달 규칙적이고 안정적인 수입이 보장되지 않습니다. 따라서 직장인 대부분은 최대한 직장생활을 유지하되, 미리 조금씩 경력을 만들어놓은 다음에 컨설팅 시장에 진입해 리스크를 줄이기를 원합니다.

문제는 대부분 회사에서는 회사 내규에 겸업 금지가 있고, 직장생활과 병행하면서 컨설팅 경험과 실적을 만들기 쉽지 않다는 데 있습니다. 여전히 소속된 회사원이기 때문에, 근무하는 중간에 경영지도사 자격증을 활용하여 경험을 쌓는다는 것이 쉽지 않습니다. 그래도 회사 재직 중에 경험을 쌓을 수 있는 몇 가지 방법이 있습니다.

2. 본업을 유지하면서 경영지도사 경력 쌓기

경영지도사 경력 만들기(컨설팅 실적 쌓기)

회사에 다니면서 컨설팅 실적을 쌓는 게 가능한 직장도 있겠지만, 그런 직장은 극소수일 겁니다. 보통 일반 회사를 다니다 보면, 평일에 시간을 내기 힘드니 수진기업과 미팅 약속을 잡기도 어렵고, 겸업금지 조항이 있는 경우 추후 법적인 문제가 발생할 수도 있기 때문입니다. 그러나 방법이 아주 없는 건 아닙니다.

이를테면 보수와 상관없이 경력 그 자체에 집중하는 경우입니다. 보수를 받는다는 것은 세금계산서가 발행된다는 의미이고(아닐 때도 있습니다.), 세금계산서를 발행하기 위해서는 개인사업자 번호나 법인사업자 번호가 있어야 합니다. 회사가 개인의 사업자등록 여부를 알아내기란 일정기준을 충족하지 않는 한 어려운 일이지만, 겸업금지 회사를 다니면서 컨설팅 경력을 만드는 건 마음 한구석이 찜찜해집니다.

그러나 컨설팅 경력이 경영지도사로서의 경험과 레퍼런스를 쌓는 것이 목적이라면, 재능기부 형태의 컨설팅 수행을 한 후에 해당 담당자와의 협의하에 그에 대한 실적증명서를 받을 수 있습니다. 이런 실적증명서가 쌓이면 경력사항을 제출해야 할 때, 컨설팅 경력 레퍼런스로 활용할 수 있습니다. 즉, 재직 시에는 수익창출이 아닌 실적증명서를 쌓는 게 주요 목표입니다.

컨설팅 시장에는 경영·기술지도사를 제외하고도 변리사, 회계사, 세무사, 행정사 등 다양한 자격사들이 공존합니다. 이런 자유경쟁 시장에서 컨설팅 의뢰자는 누가 실력이 있는지를 가려내기가 쉽지 않습니다. 이때 의사결정의 레퍼런스로 작용하는 게 해당 컨설턴트의 컨설팅 실적입니다. 실적이 10건인 사람과 실적이 100건인 사람이 있다면, 예비 클라이언트가 누구를 신뢰하게 될지는 자명합니다.

그렇다면 재직 중에 만들 수 있는 컨설팅 경력에는 어떤 것이 있을까요?

- 주변에 알고 있는 컨설턴트가 어떤 프로젝트를 한다고 할 경우, 역할 분담을 요청한 뒤 과제종료 때 실적증명서 발행 요청
- 재직 중인 회사에서 사내 프로젝트를 진행할 계획이라면 자발적으로 참여하고 과제종료 때 실적증명서 발행 요청
- 재직 중인 회사에서 국책과제 등을 수행할 예정이라면 과제수행 인원으로 등록하고 프로젝트 수행인력으로 적극적으로 참여한 뒤 과제종료 때 실적증명서 발행 요청
- 컨설턴트 선정요건 중 학력이 중요하게 차지하는 만큼 학사라면 석사까지 도전, 석사라면 박사까지 도전하여 학력 레벨 업
- 각종 공공기관의 심사·평가위원으로 등록하여 활동
- 그 외에 신용보증기금, 기술보증기금, 미소금융재단 등의 컨설턴트로 등록하고 활동하는 방법(다만 초기 경영지도사들에게는 신보, 기보의 관문이 높은 편에 속합니다.)

이렇게 회사 재직 시에 만든 경력은 퇴직 후 컨설팅 시장에 진입할 때 큰 도움이 됩니다. 컨설팅 경력을 인정받아 여러 군데에서 컨설팅 요청을 받으면서 안정적으로 경영지도사로서 자리 잡을 수 있으니까요.

심사위원·평가위원 활동하기

재직 중에 경력을 만드는 좋은 방법 중 하나는 각 지자체와 공공기관에서 모집하는 심사위원·평가위원으로 등록되는 방법입니다. 제가 만난 한 경영지도사는 평가위원으로 등록된 공공기관 숫자만 서른 군데에 달했습니다.

주의할 점은 공공기관의 전문위원은 필요인원 대비 3배수로 인력풀을 구성한다는 점입니다. 따라서 전문위원에 선정되어도 연락이 1년에 한 번도 오지 않을 수도 있습니다.

1년 차가 되는 필자의 경우, 아래 기관들에 위원으로 등록되어 있습니다.

- 경기도 기술닥터 평가위원
- 의정부시 중장년 기술창업센터 컨설턴트
- 경기 테크노파크 전문위원
- 한국데이터산업진흥원 평가위원
- 비즈니스지원단 현장클리닉 위원

회사에 다니면서 심사위원, 평가위원으로 선정되는 게 유리한 환경인 사람도 있습니다. 국가정책이나 국책과제를 많이 수행하는 기관이나 관련 회사에 재직하는 경우이지요. 이런 분들은 대관업무, 대외업무 특성을 최대한 활용하여 심사·평가 분야에서 실적을 십분 쌓길 바랍니다.

물론 일반 사기업에 재직 중에도 대외업무를 하거나 외부 외출이 쉬운 환경이라면, 심사위원, 평가위원 활동하기에 유리하니 시간을 잘 활용해 보길 바랍니다.

리스크가 적은 winwin 3,000으로 컨설팅 입문하기

타 기관이나 타 회사로 외부 컨설팅을 나가면, 재직 중인 회사에서의 노력보다 더 큰 노력을 해야 합니다. 재직 중인 회사에서는 마감기한을 약간 넘겨도 퇴사를 당하거나 업무에서 배제되는 상황이 오지는 않습니다. 또, 회사직급이 높으면 주로 지시를 내리는 입장이라, 자료를 작성하거나 인사이트를 찾는 등 실무진의 노고에 비해 상대적 노력이 덜 드는 게 현실입니다.

그러나 일단 경영 컨설팅 업무를 시작하게 되면 그 전에 내가 누리고 있던 상황을 다 내려놓고 신입사원이 되었다는 각오로 매진해야 합니다. 그동안 누렸던 회사에서의 노력 강도로는 경영 컨설팅 품질이 좋을 수 없습니다. 그렇다고 외부 업무에 전력을 다하자니, 상대적으로 재직 중인 회사업무의 품질이 저하되는 상황이 발생합니다. 이때, 컨설팅 마감에 대한 부담, 컨설팅 완성도에 대한 부담을 덜면서 리스크 없이 접근할 수 있는 게 경영기술지도사협회에서 추진하는 'Win-Win 3,000 프로젝트'입니다. 이 프로젝트는 전반부에 설명했으니 추가설명은 제하도록 하겠습니다.

사업계획서 컨설팅

정부지원 사업에는 꽤 좋은 프로그램들이 많이 있습니다. 창업자를 위한 지원프로그램도 많은데, 그중 예비창업패키지(예창패), 초기창업패키지(초창패), TIPS 등이 대표적인 창업지원 프로그램입니다.

이 프로그램들은 지원금액도 상당하기에 경쟁률이 높습니다. 문제는 경쟁률이 높다 보니 사업아이디어를 구체적으로 문서로 만들어 사업계획서를 제출하고 1차 서류 통과, 2차 대표자 면접까지 통과해야 한다는 점입니다.

좋은 아이디어가 있더라도 사업계획서를 문서로 작성해서 제출해야 하는 만큼, 체계적으로 문서화하는 능력이 부족한 창업자들에게는 장벽이 높을 수밖에 없습니다. 여기서 경영·기술지도사의 활동영역이 생깁니다.

경영지도사가 창업자와 충분한 소통을 하면서 문제인식부터 현황, 개발목표까지 일련의 과정을 단계별로 컨설팅하고 짜임새 있는 사업계획서를 작성하도록 도움을 줍니다. 초기 아이디어보다 사업화 가능성이 더 큰 방향으로 컨설팅하기도 합니다. 만약 아래 사항에 해당한다면 꼭 경험해보기를 추천합니다.

- 회사에서 사업계획서 작성경험이 많은 경우
- 이야기 구성을 잘하고 핵심을 재빨리 파악하는 스타일인 경우

다만, 주의사항 있는데, 사업계획서 대필은 위법이니 유의하기 바랍니다.

TIPS(Tech Incubator Program for Start-up)

- TIPS는 '창업지원의 꽃'이라고도 불립니다. TIPS는 고도화된 기술, 세계시장을 선도할 기술 아이템을 보유한 창업가를 집중적으로 육성하는 '민간 투자 주도형 기술창업 지원프로그램'입니다.

- TIPS 프로그램 지원 혜택

엔젤투자 1억 원 + 보육 / 멘토링 + R&D 5억 원 + 추가지원 4억 원

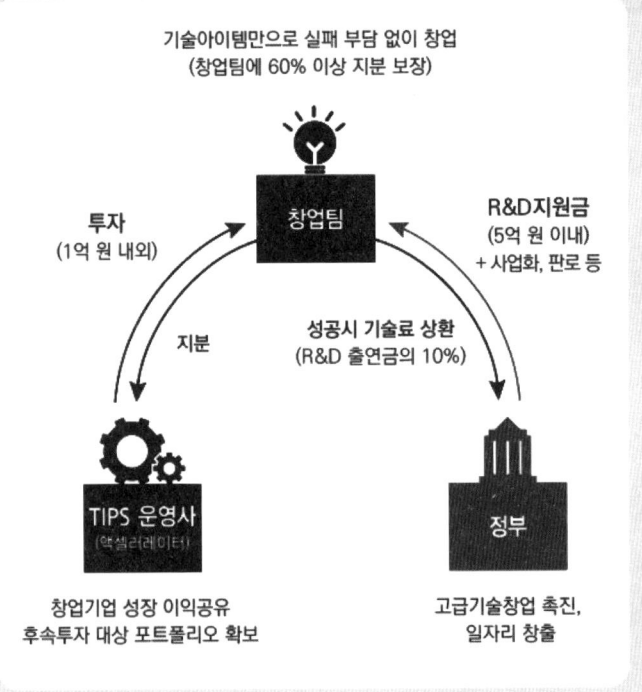

출처 : 한국엔젤투자협회

3. 먹고살 수 있을까?

경영지도사는 최근 5년 동안 40~50대 직장경력의 (예비) 퇴직자를 위한 국가자격증으로 많이 소개되었습니다. 큰 수입에 대한 욕심만 없다면 중소벤처기업부 소상공인진흥공단 등의 크고 작은 정부산하 기관에서 나오는 정부과제 컨설팅으로도 소정의 수익을 창출할 수 있습니다.

전 세계에서 컨설팅을 국가자격증으로 발급해주는 곳은 대한민국이 유일하다고 하며, 경영지도사와 기술지도사는 경영기술지도사협회에서 동일하게 운영됩니다.

수입의 크기를 떠나서 경영지도사는 일에 대한 매력도 상당히 높은 편입니다. 예비창업자를 만나서 새로운 사업에 관한 이야기를 듣고, 사업의 틀을 잡아가고, 사업계획서 작성에 돕는 과정에서 창업자의 젊은 피와 열정을 느낄 수 있고 새로운 비즈니스를 남들보다 앞서 경험하는 과정이 흥미롭습니다. 기업을 운영 중인 대표와 만나서 현시점에서의 문제에 따른 솔루션을 제공하고, 과정별로 컨설팅 결과물이 나오는 과정 자체가 큰 즐거움이자 머리를 깨어 있게 하는 신선한 경험입니다.

경영지도사를 전업으로 할 때는 아무래도 수입이 얼마인지에 촉각이 곤두설 수밖에 없습니다. 실무수습을 받으면서 선배 기수에게 들었던 이야기와 경영지도사로 활동하면서 입수한 정보에 의하면, 수입분포는 다음과 같다고 할 수 있습니다. 정확한 숫자는 아니지만, 현실적으로 이 정도의 숫자라는 것을 참고만 하시기 바랍니다.

- 상위 25% 안의 1% → 2억 원 이상
- 상위 25% 안의 5% → 1억 원 이상 (보통 5년 차 이상에 해당)
- 상위 25% → 5,000만 원 (보통 3~5년 차에 해당)
- 중간 45% → 3,000만 원 (보통 2~3년 차에 해당)
- 하위 30% → 1,000만 원 (보통 1년 차에 해당)

이렇게 보면 경영지도사 자격증이 변리사, 세무사보다도 고소득을 창출할 수 있는 전문자격사라고 말하기는 어렵지만 낮다고 하기에도 어렵습니다. 하위 30퍼센트 금액을 들으면 경영지도사로 전업하는 것은 무척 위험해 보이지만, 하위 30퍼센트에 해당하는 경우는 전업 1년 차로 시행착오를 하는 경우, 컨설팅 수행 후 만족도 평가를 좋게 받지 못해서 후속 프로젝트에 참여하지 못하는 경우, 영업력의 부재로 거래처가 너무 없는 경우가 대부분입니다. 그러니 처음부터 너무 큰 걱정을 할 필요는 없습니다.

수입금액에 큰 욕심이 없다면 월 300~400만 원은 능히 창출할 수 있고 전업연차가 올라갈수록 수입구조도 올라갑니다. 참고로 상위 1퍼센트에 해당하는 경영지도사들은 이미 경영지도사 취득 이전부터 컨설팅을 진행했던 이들이 많습니다. 거기에 경영지도사라는 국가자격증을 획득함으로써, 민간시장 말고도 공공시장에 새롭게 진출하여 수익이 배가 되는 경우가 많습니다.

전업을 고민 중인 경영지도사라면 처음 출발부터 높은 수익을 기대한다기보다는 무자본 평생직업으로 접근해보는 것도 좋습니다. 시설투자, 장비구입 같은 자본투자가 극히 적은 관계로, 잘못되었다 할지라도 큰

재산상의 손실은 없기 때문입니다. 저는 70세까지 경영컨설턴트로 활동하는 게 목표인데, 현장에는 70세가 넘어서도 컨설턴트로 활동하는 선배들이 있습니다.

물론, 경영·기술지도사 자격증을 획득한 후, 전업활동을 결정해도 고민되는 순간이 옵니다. 다음은 처음 경영 컨설팅을 하겠다고 기업에 방문했을 때 느낀 고민입니다.

컨설팅 현장에 투입되었을 때의 고민

- 산업별 특징이 있는데, 수진기업이 속한 산업의 경우에는 어떻게 컨설팅해야 좋은지에 대해 알려주는 선배, 동기 지도사는 없다고 봐야 합니다.
- 보고서는 어느 정도로 써야 하는 것인지? 많이 쓰면 좋은 것인지? 많다면 몇 페이지 정도인지? 이 질문 역시 알려주는 선배, 동기 지도사는 없습니다.
- 분명히 자문이나 컨설팅을 원하는 사람이나 기업이 있을 텐데, 이들이 어떻게 나를 찾게 하고, 나도 내 몸값을 제대로 받을 수 있을까요?
- 경영진단 관련하여 교재에 있는 이론(4P MIX, SWOT 분석 등) 중 현장에서 무시당하지 않고 먹히는 마케팅 기법은 무엇일까요?

이런 고민에 대한 답은 무엇일까요? 혼자서 전업하기보다는 여러 경영지도사와 같이 일하는 방식일 때 많은 도움을 받을 수 있습니다. 경영·기술지도사 여러 명이 모인 합동 컨설팅 사무소 혹은 경영지도사 사무소가 많은 이유입니다.

경영·기술지도사는 외형적인 전문성을 갖춘 전문가 집단이지만, 시험 합격 이후 컨설팅 현장에서 잘 먹히냐 안 먹히냐는 또 다른 이슈입니다. 전문성을 기르기 위해서는 결국 현장에 나가서 부딪쳐봐야 하는데, 혼자라서 부담이 된다면 협업관계에 있는 지도사와 같이 다니는 것도 좋은 방법입니다.

경영지도사와 관련된 궁금증

　많은 자격증이 그렇지만 경영지도사와 관련해서도 궁금증이 많을 수밖에 없습니다. 시험공부를 하기 전에 저 역시 궁금한 점이 있었고, 시험에 합격한 뒤 주변 사람들에게 이런저런 질문을 들었습니다. 심지어 경영지도사 사이에서도 오갔던 궁금증 중 21가지 질문을 추려서 풀어보겠습니다.

질문 1 아직 시험공부 결정을 하지 못했는데, 경영지도사가 정말 괜찮은 자격증인지 알고 싶습니다. 들어보니 변리사, 변호사처럼 독점적인 사업영역이 없다고 하던데 시험공부만 죽어라 하고 결국 타 자격증에 밀려서 써먹지 못하는 자격증이 되는 것은 아닌지 걱정됩니다.

➪ 경영지도사 중에는 행정사, 법무사, 노무사 자격증을 가진 전문 자격사들이 많습니다. 이미 전문자격사들인데 각자의 필요 때문에 경영지도사 자격증을 추가로 획득하는 것은, 그만큼 경영지도사의 활용범위가 넓고 시장수요가 있기 때문입니다.

➪ 경영지도사만의 독점적인 사업영역이 없는 것은 맞습니다. 하지만 반대로 생각하면 사업영역의 제약이 없는 만큼 경영지도사 자격증을 가지고 도전해볼 만한 사업영역 또한 많습니다. 경영지도사 자격증을 가지고 억대의 수입을 창출하는 경우가 바로 이런 사례에 해당합니다. 능력 있고 네트워크가 좋다면 그 어떤 전문자격증보다도 많은 수입구조를 만들 수 있습니다.

질문 2 경영지도사 독립적 개별법이 2020년에 제정되었다고 들었습니다. 그럼 경영지도사로서는 예전보다 훨씬 더 좋은 환경이 되었다고 보면 되나요? 어떤 점이 좋아졌는지 알고 싶습니다.

↪ 저의 경우도 그렇고 선배 기수의 이야기를 들어봐도 지금 당장 체감상의 변화는 없습니다. 독립법이 제정되고 나서의 즉각적인 우호적 환경변화를 기대한 경영지도사가 많았지만, 법이란 게 올해 제정되었다고 해서 생업환경에 영향을 미치는 미시환경으로 바로 연결되지는 않습니다. 하지만 상위법이 드디어 제정되었으니 실행 단에서의 하위법, 하위제도가 순차적으로 만들어질 것입니다.

질문 3 경영지도사 시험이 4가지 분야로 나뉘는데, 직장에서의 경험과 연결된 시험 분야를 정하는 게 좋을까요?

↪ 나의 회사경력이 생산담당자였다고 해서 굳이 생산관리 경영지도사를 선택할 필요는 없습니다. 합격 이후 분야에 따라 대우가 다르거나 업무영역이 제한되는 게 아니기 때문입니다. 따라서 이른 시일 내에 시험합격을 위해 내가 시험공부하기 쉬운 분야, 시험합격에 좀 더 유리한 분야를 선택하는 게 좋습니다.

질문 4 4가지 분야 중 컨설팅 현장에서 제일 수요와 수입이 많은 분야는 어느 분야인가요?

👉 경영지도사 시험의 분야는 마케팅, 생산관리, 재무관리, 인적자원으로 나뉘지만, 실제 컨설팅 현장을 나가면 분야를 구분하여 컨설팅하지도 않고 분야를 나눠서 컨설턴트를 찾지도 않습니다. 일례로 특수목적을 띤 프로젝트의 경우, 인적자원관리 경영지도사처럼 특정 분야를 지정해서 모집하기도 하지만 일반적으로 4개 영역 구분은 큰 의미가 없습니다. 외부에서 볼 때는 '경영지도사'라는 타이틀 하나만 봅니다.

👉 자격증 취득 이후에는 4가지 합격 분야에 따라 컨설팅 수임이 많이 들어오거나 성공이 갈린다기보다는 현업에서의 경력과 꾸준한 노력에 의한 역량확보, 그리고 인맥에 의해서 등 복합적인 이유로 성과가 나옵니다.

질문 5 경영지도사의 경우 4개의 응시 분야가 있는데 응시 분야별로 겹치는 국가자격증이 별도로 있다고 들었습니다. 어떻게 겹치는 것인지 궁금하고 경영지도사의 미래전망을 듣고 싶습니다.

👉 경영지도사는 4개 분야로 자격증이 나오는데 자격증마다 업무영역이 겹쳐서 타 국가자격증과 경쟁을 하는 경우가 발생합니다.

- 마케팅 분야 : 경영학 석사(MBA), 박사 출신 컨설턴트와 겹칩니다.
- 인적자원관리 분야 : 노무사 영역과 많이 겹칩니다.
- 재무관리 분야 : 회계사(CPA), 세무사와 영역이 겹칩니다.
- 생산관리 분야 : 기술사와 겹치지만, 나머지 3개 부분에 비하면 경쟁은 약한 편입니다.

☞ 각각의 자격 분야별로 겹치는 타 자격증이 분명 존재하지만, 경영지도사 자격증이 이에 밀린다고 말하기는 어렵습니다. 오히려 경영지도사 소지와 타 자격증 소지자의 융합과 결합이 이루어지는 추세에 있습니다. 수요시장이 확대된다면 경영지도사 자격증 하나로도 먹거리는 찾을 수 있고, 수요시장이 줄어들면 결국 타 자격증과의 결합을 통한 공동운영의 모습으로 나아갈 것입니다.

질문 6 경영지도사 자격증이 없어도 컨설팅을 하는 분들을 많이 봤습니다. 그럼 이런 사람들은 불법인가요?

☞ 아닙니다. 경영 컨설팅 시장은 크게 민간시장과 공공시장으로 나뉘어 있습니다. 이 중 민간시장에서의 경영 컨설팅은 실력이나 인맥만 있다면 자격증과 상관없이 수행할 수 있습니다. 그래서 많은 사람이 (특히 영업에서 이미 인맥을 많이 형성한 경우) 민간 컨설팅 시장에 참가하고 있습니다. 컨설팅 시장의 주체는 '컨설팅 요청회사'와 '컨설팅 수행자'인데 결국은 컨설팅비를 지급하는 기업과 단체 등을 많이 알고 있는 지도

사가 더 많은 일감을 수주할 수 있기 때문입니다.

↪ 그렇지만 정부주도의 공적 컨설팅 시장이나, 중소기업지원 차원에서 진행되는 컨설팅은 국가자격시험 합격자만 참여가 가능합니다. 그리고 그 국가자격증의 하나가 경영지도사입니다. 즉, 경영지도사는 민간시장과 공공시장 두 곳 모두에서 활동할 수 있는 경영컨설턴트입니다.

질문 7 경영지도사에게 안 맞는 타입이 있을까요? 시험공부에 꽤 많은 시간을 투자해야 하는 것으로 알고 있는데, 막상 붙고 나서 적성에 안 맞으면 어떡하죠? 경영지도사에게 맞는 타입, 안 맞는 성향이 있는지 알고 싶습니다.

↪ 지도사 활동에 안 맞는 타입은 없다고 봅니다. 다만, 경영컨설턴트는 결과물을 문서로 제출해야 하는 성격이 짙어서 혹시라도 아래 사항에 해당한다면 부족한 부분을 채우고 도전하는 게 좋겠습니다.

- 비추천 1. 문서작성을 귀찮아하는 성향을 지닌 사람
- 비추천 2. 문제해결 과정을 직접 경험해보지 않은 사람
- 비추천 3. 경영·기술지도사로 인생역전을 노리는 사람

그래도 예외는 있습니다. 영업에 능통하고 인맥이 많으신 분들은 문서작성이 미숙하거나 문제해결 과정이 익숙하지 않더라도 도전하는 것을 추천합니다. 컨설팅 역시 사람이 의뢰하고 사람이 추진하는 것이기 때

문에, 영업 네트워크가 많은 컨설턴트라면 고객을 잡기 위해 맨땅에 헤딩하는 수고를 들이지 않게 됩니다. 실제로도 분업체계를 갖추어, 본인이 영업해서 컨설팅 오더를 가져오고 실제 컨설팅 및 문서작업은 공동작업을 하는 경우도 있습니다. 아예 본인은 영업만 해서 실제 작업자에게 컨설팅을 넘겨주고 수수료만 받는 경우도 있습니다.

질문 8 경영지도사를 취득했습니다. 현재 직장 재직 중인데 바로 전업을 하는 게 좋을까요? 기회를 보는 게 좋을까요?

👉 정답은 없습니다. 다만 제 경험에 비추면 자격증을 취득하고 한 달 정도 후에 보수교육(실무수습)을 받게 됩니다. 실무수습 기간에는 지도 멘토님과 연결되고 조별로 프로젝트를 수행하게 됩니다. 실무수습을 종료한 후에 집체교육 혹은 온라인 교육을 받는데, 주로 선배 기수의 경험담 위주로 교육이 진행됩니다. 선배 기수의 성공담, 성장 가능성을 주로 듣는 이때가 이제 갓 경영·기술지도사 시험의 합격자로서 제일 희망차고 용기 넘치는 시기입니다. 지금 시장에 나가도 내가 이 정도는 할 수 있겠다, 이렇게만 해도 돈벌이가 되는구나, 하고 포부가 웅장해지지요. 실제 저 역시도 다음 달부터 전업할 것을 고려해보기도 했습니다.

👉 다음과 같은 경우라면 전업을 적극적으로 고려해볼 수 있겠습니다. 나쁜 상황에 처해 있다면, 그 상황을 돌파하기 위해 자격증을 취득했을 것이니 다른 합격자들보다 빠른 결정을 내릴 수 있을 것입니다.

- 현재의 직장이나 주어진 업무에 불만이 많은데 개선될 여지가 안 보인다.
- 지금 당장 전업하더라도 1년 치 가족 생활비는 확보되어 있다.
- 자력으로 컨설팅 오더를 가져올 만큼 알고 있는 기업들이 많고 영업력도 있다.

질문 9 경영지도사를 취득하고 나서 피해야 할 상황이 무엇일까요? 바로 전업하지는 않을 계획입니다.

↪ 제일 좋은 것은 취득한 자격증이 회사 내의 업무와 직접적으로 연결되는 경우입니다. 승진할 때 가점이 있다는 회사 내 규정이 있으면 더욱 좋습니다.

↪ 제일 안 좋을 수 있는 상황은 아이러니하게도 조직 내에서 지위나 연봉이 안정적인 경우입니다. 조직 내에서 안정적이다 보니 어렵게 취득한 자격증이 장롱 자격증으로 슬금슬금 들어가는 환경이 쉽게 조성됩니다. 하지만 자격증을 활용하지 않는 시간이 늘어날수록, '뭐라도 할 수 있겠다.'는 웅장한 포부는 '과연 내가 무엇을 할 수 있을까?', '과연 내가 잘할 수 있을까?'로 점차 바뀌게 됩니다. 안정적인 현실이 현재 자리에 머물게 만들고, 정체된 시간이 길어질수록 자신감의 상실을 부릅니다. 그래도 나중에 회사를 퇴직하더라도, 자격증이 있는 만큼 든든한 감은 있습니다.

질문 10 경영지도사에 합격하면 돈을 많이 버나요?

👉 주변 경영지도사 선배들이나 동기 지도사들의 경우를 봤습니다만, 경영지도사에 합격했다고 해서 "어서 오십시오, 우리 회사를 컨설팅해주세요."라는 곳은 한 군데도 없었습니다. '경영지도사 합격=고액의 수익'이 곧바로 실현되는 현실은 아니라는 이야기입니다.

오히려 이미 다양한 네트워크를 가지고 있고 컨설팅 제반 실력을 갖춘 사람이 자격증을 획득하면 큰 성장을 이루어냅니다. 공신력을 갖춘 국가자격증을 기반으로, 민간시장 및 공공시장까지 영역을 넓힐 수 있기 때문입니다.

👉 경영지도사로서의 수입은 천차만별입니다. 공식 통계자료는 없지만, 상위 10퍼센트는 연 1억 원 이상의 고소득자도 많으며 일이 넘쳐나서 오히려 일감을 줄이는 지도사도 있습니다. 어느 전문직 직종에서든 상위와 하위의 소득 차이는 10배까지도 난다고 합니다. 하지만 그렇다고 해서 걱정할 만큼 돈을 못 버는 분야는 아닙니다.

👉 변호사, 변리사, 세무사 모두 전문 국가자격증이지만 결국 전업의 성공 여부는 영업에 5할이 달려 있다고 봐도 무방합니다. 경영지도사도 1년에 200~300명씩 합격자가 배출되고, 세무사도 1년에 약 700명의 합격자가 배출됩니다. 이렇게 누적되는 합격자 속에서 상위그룹으로 가기 위한 두 가지 핵심은 '영업'과 '실력'입니다.

질문 11 왜 하필이면 경영지도사를 준비했나요? 나이 들어서도 할 수 있는 직업을 찾는다면 경영지도사보다는 노무사, 공인중개사, 법무사가 더 좋은 전문자격사 아닌가요?

↳ 각자의 상황에 따라 미래를 준비하는 자세는 다양합니다. 어떤 자격증으로 미래를 대비할지는 현재의 업무 포지션과 연결해서 결정하는 것이 좋습니다. 예를 들어 본인이 총무부에서 일한다면, 공인중개사가 적절할 미래준비 방안이 될 겁니다. 공인중개사 시험과목 중 민법은 회사의 총무업무에도 활용할 수 있기 때문입니다. 만약 인사부에서 근무한다면 당연히 노무사, 경영지도사(인적자원관리) 중 하나를 공부하는 게 유리합니다. 현재의 업무 포지션과 연결되는 자격증을 공부하면 현업과 연결되니, 연결성 및 이해력이 제일 좋기 때문입니다.

↳ 40~50대에 퇴사하는 요즘 상황을 고려한다면, 회사경력을 살려 재능을 발휘할 수 있는 분야를 찾아야 합니다. 예를 들어, 회사의 고문 제도는 퇴임자를 위한 자리 만들기 성격도 있지만, 퇴임자가 재직 시 수행하고 경험했던 지식을 후대에 공유하고 자문할 수 있도록 만든 제도입니다. 경영지도사의 탄생배경과 매우 흡사합니다. 회사 내의 경력과 지식을 바탕으로 사회에서 제일 보편적이고 전문적인 역할을 할 수 있는 분야가 바로 경영지도사입니다.

질문 12 행정사 자격증이 경영지도사 자격증과 유사 영역이 꽤 있는데 오히려 범위는 더 넓다고 들었습니다. 혹시 경영지도사 자격증을 획득하고 나서 행정사 자격증을 추가로 공부하는 것이 더 좋을까요?

↪ 행정사 역시 경영지도사와 같이 업무범위가 넓은데 행정사가 어떤 일을 하는 곳인지 정확히 아는 사람은 많이 없습니다. "법무사와 뭐가 다르지?"라는 질문도 많고 "퇴직 공무원에게 주기 위해 만든 자격증이야."라는 의견도 많습니다.
행정사는 행정 관련 상담 및 자문, 그리고 공장 인허가 등 폭넓은 업무를 수행합니다. 행정사 중에서 추가로 경영지도사를 획득하거나 역으로 경영지도사를 획득한 후 행정사에 도전하기도 합니다. 다만, 둘 중 한 가지 자격증을 이미 가지고 있다면 보유한 자격증의 전문지식을 더 깊이 쌓는 게 좋다고 봅니다.

↪ 행정사와 경영지도사 간의 업무는 이분법으로 정확히 나뉘어 있지는 않습니다. 그러나 문제유형, 프로젝트 성향에 따라 행정사가 하지 못하는 일들이 있습니다. 예를 들어, 중소기업의 경영개선, 문제점 진단 및 컨설팅, 기업진단 등은 행정사가 쉽게 접근할 수 있는 분야가 아닙니다. 행정사와 경영지도사가 겹치는 부분은 서류작성 및 제출과 관련된 행정업무, 제도인증 등의 분야입니다. 따라서 경영지도사 본연의 업무영역은 경영·기술지도사의 분야로 계속 남게 될 것입니다.

행정사 업무 범위(행정사법 제2조 제1항 등)

- 다른 사람의 위임을 받아 행정기관에 제출하는 서류의 작성과 인허가 및 면허 등을 받기 위해 행정기관에 하는 신청·청구 및 신고 등의 대리, 행정 관계 법령 및 행정에 대한 상담 또는 자문에 대한 응답 등의 업무를 수행하되, 다른 법률에 따라 제한된 업무는 할 수 없다.
- 행정사는 정부기관에 제출하는 서류를 담당, 대행하는 전문자격인 것으로 모든 공공기관의 서류 및 관련 업무를 대행하는데 일정 직급 이상에서 근무한 공무원들에게 시험면제 자격이 주어지며 행정사 자격증을 보유한 인력은 20만 명 규모로 알려져 있다.

질문 13 경영지도사 사업을 하면서 보험영업을 같이하면 고수익을 얻는다는 이야기를 들었습니다. 경영 컨설팅과 보험영업을 어떻게 같이 하는 건가요?

☞ 개인이나 기업을 상대로 하는 보험영업은 보험설계사를 비롯하여 대한민국의 모든 금융기관 출신, 기업 임직원 그리고 경영지도사도 할 수 있습니다. 실제로 상당히 많은 금융권 출신들이 경영지도사 자격증을 준비합니다. 제1금융권 지점장부터 제2금융권·제3금융권의 임원들, 기술보증기금, 신용보증기금 출신까지 다양합니다. 이들은 기본적으로 금융권 고객자료를 확보하고 있고, 전·현직 직장에서 금융 컨설팅을 했을 확률이 높으며, 친분 있는 기업인들도 많습니다. 고객에 대한 정보가

많다 보니, 자연스럽게 보험영업으로 이어지는 환경을 가지는데 경영컨설팅 수수료 대신 보험계약으로 대체하는 걸 더 선호하는 사람도 있습니다. 개인과 달리 법인보험료는 개인이 내는 보험료와 비교가 되지 않을 정도로 고액이기 때문입니다. 각각의 장단점이 존재하는 만큼 조심스럽게 접근하길 권합니다.

보험계약으로 이어질 경우의 장점 vs 단점

- 장점 : 보험계약은 월 계약금액이 적게는 몇백만 원, 크게는 몇천만 원까지도 성사됩니다. 따라서 컨설팅 수수료보다 보험계약으로 인한 수수료가 훨씬 클 수 있습니다.
- 단점 : 보험계약으로 이어지지 못할 수 있고, 보험이라고 하면 우선 경계하거나 컨설팅 전문가로 보지 않기도 합니다.

신보, 기보, 보험영업

- 기보 : 기술신용보증기금을 줄여서 '기보'라고 부릅니다.
- 신보 : 신용보증기금을 줄여서 '신보'라도 부릅니다.
- 보험영업 : 보험영업을 부정적으로만 볼 필요는 없다고 생각합니다. 개인이나 법인의 성격에 맞게 재무목표를 세워주고 현재 재무상황에 맞는 보험상품을 설계하는 것을 깎아내릴 필요는 없습니다. 다만 기업경영 개선이라는 본질을 벗어나면 문제가 되겠지요.

질문 14 저는 인사팀에서 인사·노무 담당이라 경영지도사 인적자원으로 시험에 응시하는 게 맞을 것 같은데, 인사관리·행정 분야는 노무사와 많이 겹치는 부분이 많아 경쟁력에서 밀리는 것 아닌가 생각합니다. 그런데도 현재 저의 전문 분야인 인적자원관리로 공부하는 게 좋을지 아니면 합격률이 높은 마케팅, 재무관리 등을 선택하는 게 좋을지 고민입니다.

⇨ 인적자원으로 경영지도사를 획득한 후 제일 많이 하는 고민이 노무사와의 업무영역 경쟁입니다. 일반적으로 노무사 시험이 경영지도사 시험보다 어려운 경향이 있으므로, 좀 더 빠르고 쉬운 합격을 목표로 한다면 경영지도사 준비가 좋습니다.

자격증 취득의 또 하나 좋은 점은 회사를 나오더라도 전업으로 삼을 수 있다는 점입니다. 퇴직시점에 재취업 말고도 또 다른 선택지가 있다는 것은 매우 든든한 느낌을 줍니다. 경영지도사 자격증을 취득 후 현재의 강점을 더욱 최대화하여, 노무사와 비교해도 밀리지 않는 실무경력을 만드는 것도 한 가지 방법이며, 필요하다면 노무사 시험을 준비하는 것도 좋습니다.

질문 15 경영지도사를 취득하고 나서 경영지도사와 시너지를 낼 수 있는 다른 자격증이 있다면 추천해주세요.

↪ 저도 궁금해서 다른 지도사에게 물어봤던 부분이고 저도 많이 받은 질문 중 하나입니다. 변호사, 변리사, 노무사, 세무사들의 자격증을 제한다면 경영지도사는 국가자격증 중에서 난도 최상의 자격증입니다. 그렇다 보니 경영지도사의 공부과목 중에서 유사한 영역이 있어서, 타 자격증 시험공부에 유리한 자격증은 분명 존재합니다.

경영지도사는 총 4개 영역으로 나뉘는데, 영역별로 시너지를 낼 수 있거나 시험공부에 유리한 기타 자격증은 다음과 같습니다. 다른 자격증을 공부할 때 도움이 되거나 시너지를 낼 수 있는지는 경영지도사 2차 시험과목을 참고하면 판단에 도움이 될 겁니다.

• **경영지도사(마케팅 영역)**

2차 시험과목이 '마케팅 관리론', '시장조사론', '소비자 행동론'입니다. 이 과목은 아래의 자격증에 도전할 경우 많은 도움이 됩니다.

유통관리사 : 1, 2, 3급으로 나뉘는데, 경영지도사 지식이 남아 있다면 2급은 7일, 1급은 30일 정도 수험기간이 필요합니다.

창업보육전문매니저 : 민간자격증이라 아쉽지만, 경영지도사 시험과목과 상당수 겹치며, 무엇보다 객관식 시험이기 때문에 시험부담이 적습니다. 시험과목 중 창업보육이나 창업보육센터 등의 내용은 기업 컨설팅을 해야 하는 경영지도사 입장에서는 알아두면 좋은 시험과목이기도 합니다.

- **경영지도사(인적자원관리 영역)**

  2차 시험과목이 '인사관리', '조직행동론', '노사관계론(노동법 포함)'입니다. 이 과목은 노무사 자격증에 도전할 때 도움이 됩니다. 노무사는 경영지도사와 과목이 상당수 겹치기 때문에 인적자원관리로 경영지도사를 획득한 경우, 종종 추가로 노무사 시험을 준비하기도 합니다. 노무사와 인적자원관리 경영지도사가 서로 합동사무소를 운영할 만큼, 두 개 자격증은 흡사하면서 서로의 부족함을 채워줄 수 있는 자격증입니다.

- **경영지도사(재무관리 영역)**

  2차 시험과목이 '재무관리', '회계학', '세법'입니다. 재정, 회계를 다루니만큼 회계사, 세무사가 제일 유사한 자격증이고 보험설계사 자격증을 추가로 획득하는 사람도 있습니다. 경영지도사 자격증도 난도가 높지만, 재무관리 분야의 자격증 끝판왕은 회계사라고 보면 됩니다. 자격증을 기반으로 사무실을 오픈한다면 회계사, 세무사, 경영지도사로 준비하면 좋습니다.

- **경영지도사(생산관리 영역)**

  2차 시험과목이 '생산관리', '품질경영', '경영과학'입니다. 시너지를 낼 수 있는 자격증으로는 품질관리사, 품질경영기사 등이 있고, 난도가 높은 자격증으로는 품질관리기술사 등의 기술사 자격증이 있습니다. 생산관리 영역으로 경영지도사를 딴 지도사는 공장이나 제조현장에서 혁신 실무전문가 자격증으로 봐도 무방합니다. 경영지도사 중 유일한 기술 계통 자격증으로, 경영지도사들 중에서도 희소성과 전문성을 가진 자격증입니다.

경영지도사 자격 분야와 관련성 높은 자격증

자격 분야	2차 시험과목	관련성 높은 자격증
마케팅	마케팅 관리론 시장조사론 소비자 행동론	- 유통관리사 (1급 추천) - 물류관리사 - 창업보육전문매니저 - 사회조사 분석사
인적자원관리	인사관리 조직행동론 노사관계론(노동법 포함)	- 노무사
재무관리	재무관리 회계학 세법	- 회계사 - 세무사 - 재경관리사 - 금융투자분석사 - 보험설계사
생산관리	생산관리 품질경영 경영과학	- 품질관리사 - 품질경영기사 - 품질관리기술사

질문 16 시대마다 요구하는 지식이나 트렌드가 있습니다. 지금부터 자격증을 공부하고 합격하고 전업하는 시기를 5년 뒤로 계획한다면, 4개 분야 중 어느 분야가 제일 전망이 좋을까요?

👉 경영지도사는 시험을 볼 때 4개 분야로 나누어서 자격증을 취득하지만, 시험에 합격 후에는 분야에 따라 컨설팅이 제한되거나 업종이 제한되는 경우가 거의 없습니다. 응시자가 전문성을 가지고 있는 분야를 정하고 시험에 응시하면 됩니다. 하지만 조심스럽게 이런 예측은 해볼 수 있습니다.

지금은 모두가 4차 산업, 인공지능, 바이오, 스마트를 이야기하고 있습니다. 어떤 산업구조가 되었건 일할 생산인력이 필요한데, 한국의 인구구조를 생각하면 외국인의 유입이 많아져야 인구가 유지될 수 있고 산업현장에 인력이 보충될 수 있습니다. 즉, 외국인 노동자가 한국산업에서 차지하는 비중이 50퍼센트까지 늘어날 수 있습니다. 그렇다면 HR 인적자원관리 이슈가 현저히 증가할 가능성이 있습니다.

👉 남들이 모두 인공지능, 바이오, 스마트를 바라볼 때 몇 년 후에 다가올 가능성을 예측하여 준비한다면, 강점과 희소성이라는 두 가지 기회를 동시에 잡을 수 있을 것입니다.

은근히 수요가 많은 기업대표 컨설팅

한국은 상속세, 증여세가 높다고 평가받는 국가입니다. 따라서 기업의 규모가 크건 작건 한 기업을 피땀 흘려 키워온 기업대표의 입장에서는

① 상속 ② 증여 ③ 기업승계와 관련된 이슈에 높은 관심을 보입니다. 세금과 관련된 분야인 세금절세, 재무제표와 세무조정, 법인세, 상속과 증여 등에 다양한 경험과 지식을 보유한 경영지도사의 경우, 매우 특화된 자신만의 영역을 확보할 수 있습니다.

질문 17 인생 2막을 대비해서 경영지도사 자격증을 취득했습니다. 전업할 경우 잘할 수 있을지, 제대로 돈은 벌 수 있을지 걱정입니다. 현재 직장에서 버틸 수 있을 때까지 버티고 나오는 게 좋을까요?

☞ 전업해서 돈을 잘 번다, 못 번다는 경영지도사별로 천차만별이라 일률적으로 말하기가 쉽지 않습니다. 다만, 퇴사하기 전에 고민과 걱정이 많아도 막상 퇴사하고 나면 오히려 불안감이 사라집니다. 그동안 마음을 짓누르던 불안감이 사라지고 투지가 불타오르는 경험을 하게 되지요.

경영지도사 전업 역시 전업을 하기 전까지 많은 고민과 걱정을 하지만, 막상 전업의 길을 들어서면 마음가짐과 임하는 자세가 달라집니다. 실제로 왕성하게 전업활동을 하는 수많은 선배 기수들이 이를 증명합니다. 다만, 무조건 퇴사를 권하는 것은 아닙니다. 퇴사도 자진퇴사인지 강제퇴사인지에 따라 마음가짐이 달라지며, 자격증같이 미래를 준비하는 퇴사와 아무 준비 없이 무방비로 당하는 퇴사에는 큰 차이가 있기 때문입니다.

👉 익숙함에서 벗어나는 게 가장 어렵습니다. 점진적인 퇴보상황의 익숙함은 사람의 도전의욕과 자신감을 떨어뜨립니다. 자격증을 가지고 내가 가장 잘하는 분야, 내게 익숙한 기업과의 연관성을 찾으면 첫 출발은 작더라도 분명 길은 열려 있습니다. 직장생활 중 조심해야 할 것은 권태기의 익숙함이고, 회사를 나가면 지옥이라는 자신감의 상실입니다.

조심스럽지만 지금 전업을 권하는 상황

- 직장생활에 앞이 보이지 않거나 행복하지 않은 경우
- 회사의 핵심조직이 아닌 주변 조직에서 3년 이상 있는 경우
- 일정 기간 승진 정체가 지속되는 경우
- 연차가 있지만 어느 순간 통로 쪽 자리에 앉게 된 경우
- 자신의 자율적 삶을 원하는 적극적, 사교적인 성향

질문 18 괜찮은 자격증이라고 해서 따긴 땄는데 이미 컨설팅 시장에서 자리 잡은 선배 기수들이 많아서 내가 잘 비집고 들어갈 수 있을지 걱정됩니다. 시장이 호락호락하지도 않고요.

☞ 컨설팅 시장에는 경영지도사를 비롯해 대형 펌, MBA, 변리사, 노무사 등등 많은 전문자격사가 있습니다. 나보다 앞서 시장에 진출한 컨설턴트들과 경영지도사에 같이 합격했지만 이미 컨설팅 경력이 있는 동기들에게 시기심을 느끼거나 내가 상대적으로 뒤떨어질까 걱정할 필요가 없습니다. 무조건적이지는 않지만, 시간이 지나면 서로가 각자의 체급에 맞는 필드에서 일하게 됩니다.

☞ 스포츠 신인왕전에 출전할 때, 프로 헤비급 선수를 두려워하지 않는 이유는 체급이 달라 같은 링에 오르지 않기 때문입니다. 초기 경영컨설팅 시장에 진출하는 것도 비슷한 맥락입니다. 인증심사 같은 분야를 제외하면 이미 시장에서 자리를 잡은 고참 경영지도사와 이제 갓 시장에 진입한 경영지도사가 유사한 기업체의 컨설팅 현장에서 만날 일은 거의 없습니다. 혹시 만나더라도 체급이 다름을 인정하고 상대방과 명함을 나누고 그 상대방이 어떻게 그 길을 걸어가는지 알아내는 것이 현명합니다.

질문 19 실력만 있다면 컨설팅 수행을 많이 할 수 있나요?

⇨ 컨설팅 실력만 출중하면 소상공인 대표나 기업들이 나를 찾아와서 "컨설팅해주세요."라고 할까요? 아쉽지만 그런 상황은 거의 발생하지 않습니다. 오히려 "내가 이런 일을 하고 있는데 한번 해보시겠습니까?" 하고 영업을 하는 상황이 훨씬 더 많습니다.

⇨ 지금까지 쌓아온 지식과 경험을 기본으로 삼아 몇 군데에서 실질적으로 수행하면 컨설팅 사업경력이 차곡차곡 쌓입니다. 이런 사업경력이 쌓이면 컨설팅 레퍼런스가 되고, 수진기업이 컨설턴트를 선택할 때 이 레퍼런스를 평가기준으로 삼으므로, 컨설팅 레퍼런스는 많을수록 유리합니다. 그러나 갓 자격증을 취득한 경영지도사는 내세울 레퍼런스가 없는 상태이니 당연히 유리한 상황은 아닙니다.

⇨ 경영지도사의 상황도 결국 다른 국가자격증 소지자의 상황과 유사합니다. 세무사, 공인노무사 등도 시세를 빨리 확장하냐 못하냐는 결국 얼마나 많은 소셜 네트워크가 있느냐에 따라 달라집니다. 실력과 네트워크가 있다면 경영컨설턴트로서의 자리매김과 시세확장을 동시에 취할 수 있습니다.

질문 20 정부 사업과 관련해서 운영기관, 수행기관, 수요기업이란 단어를 많이 사용하는데, 어떤 역할을 하는 곳인지 궁금합니다.

👉 다음은 각각의 정의와 하는 일입니다.

구분	설명
① 총괄기관	사업 총괄 및 기본계획을 수립하는 최상위 기관 - 중소벤처기업부 또는 지방중소벤처기업청
② 운영기관	세부 사업계획 및 운영지침을 규정하는 기관 - 수행기관을 모집하고 선정하는 역할을 수행
③ 수행기관	서비스 제공 기관 - 실질적으로 컨설팅을 진행하는 컨설턴트가 소속된 단체
④ 수요기업	바우처를 사용하는 기업 - 컨설턴트들이 수요기업을 찾기도 함

질문 21 컨설팅 사업을 할 때 개인 사업이 좋을까요? 합동사무소를 오픈하는 것이 좋을까요? 장단점을 알려주면 좋겠습니다.

👉 때에 따라 다릅니다. 동기 기수와 선배 기수들의 사업형태를 보면 1인 사업자로 꾸준히 하는 분도 있고, 뜻이 통하는 사람들과 합동사무소 혹은 법인을 설립하는 경우도 많습니다. 단체나 법인을 만들어서 같이 활동할 경우의 장단점은 다음을 참고하면 됩니다.

〈단체, 법인으로 같이 활동 시의 장점〉

1. 다양한 산업으로의 컨설팅 확장

   개인의 전공 산업에만 국한되면 컨설팅 기회가 제한적이지만, 다수의 컨설턴트와 공동으로 일하면 컨설팅 시장 확대, 문제해결, 컨설팅 해법도 다각적으로 습득할 수 있습니다.

2. 빠른 시장 안착

   혼자 정보를 수집하고 활동하는 것보다 다방면의 정보를 수집하여 공유하면서 컨설팅 수주 기회를 확장할 수 있습니다. 따라서 컨설팅 시장에 빠른 안착이 가능합니다.

3. 수익구조 향상

   1인 사업자는 혼자서 할 수 있는 양의 한계성 때문에 컨설팅 규모가 크게 성장하기 어렵습니다. 공동으로 일할 경우, 컨설팅 규모가 커지고 수주 프로젝트 역시 장기적, 고액으로 진행될 확률이 매우 높으니 더 많은 컨설팅과 더 많은 수익구조를 만들 수 있습니다.

4. 장기적 파트너십

다수의 전문가 보유로 공신력 및 신뢰감 확보에 유리하고 수진기업과 장기적 파트너십을 맺을 수 있습니다.

〈단체, 법인으로 같이 활동 시의 단점〉

1. 역할분담 및 성과공헌 갈등

시간이 지날수록 나뉘는 영업, 자료분석, 보고서 작성 등의 역할분담에 대한 내부불만 및 프로젝트 성과물에 대한 공헌도에 대한 갈등이 생길 수 있습니다.

2. 수익분배 갈등

프로젝트를 수행하면서 각자의 공헌도에 따른 성과배분이 힘든 만큼 수익분배에 대한 갈등이 생길 수 있습니다.

에필로그

"뒤에서 밀어주는 순풍이 있더라도 배의 돛은 내가 직접 달아야 한다."

제2의 인생은 누가 어떻게 준비하고 다음 인생의 여정에 도움이 될 자격증은 누가, 언제 준비하는 것일까요? 누군가는 안정된 삶 속에서도 변화를 꿈꾸고자 자격증을 준비했을 것이고 누군가는 절박한 심정에서 꼭 합격한다는 마음으로 공부한 사람도 있을 것입니다. 저의 경우 경영지도사는 하기 소개문구가 무척이나 제 마음을 끌었고 시험에 응시하게 한 계기가 되었습니다.

"중소·소기업의 경영전략, 재무, 생산, 인적자원, 마케팅 등
기업의 현안을 발견하고 해결책을 제시하는 기업 컨설팅 전문가"

나를 찾아줄 사람은?

어떤 사람들이 내 컨설팅 대상이 될까요? 어떤 사람들이 날 찾아줄까요? 그 첫 번째 대상은 경영지도사와 제일 관련이 높은 소상공인이나 소기업의 대표일 것입니다. 그런데 어디를 가서 안면을 트고 거래를 뚫어야 할까요? 킨텍스나 코엑스에서는 전시회가 많이 열립니다. 소비재, 산업재 전시회 중에서 경영지도사 업(業)에 맞는 전시회는 '소비재 전시회'

입니다. 소비재 전시회의 경우, 참가업체가 소상공인이 확률이 매우 높기 때문입니다. 그러나 이렇게 전시회를 찾아간다고 날 필요로 할 사람을 찾을 수 있을까요? 어떻게 만나고, 어떻게 연락하고, 어떻게 정부지원사업에 대해 알려줄 수 있을까요? 그리고 컨설팅이 필요하다면 어떻게 나를 찾게 할 수 있을까요? 계속되는 의문이 꼬리에 꼬리를 무는 시간이 다가왔습니다.

합동사무소를 설립할 경우 누가 이끌어야 할까?

경영지도사로 전업할 경우, 혼자 할 수도 있지만, 소기업, 소상공인 컨설팅이 한 분야에서만 진단이 이루어지는 것이 아닌 만큼 분야별 경쟁력을 보유한 여러 명이 같이 모여서 합동법인 사무소를 운영하는 것이 더 큰 경쟁력을 끌어낼 수 있습니다. 그런데 선뜻 하자고 나서기가 쉽지 않습니다. 본격적으로 합동법인 사무소를 설립한다고 계획을 세우면 어떤 고민이 나올까요?

- 누가 합동법인의 대표를 하고 사무소를 이끌어갈 것인가?
- 같이 일하는 컨설턴트는 어떻게 구성할 것인가?
- 컨설팅 업무를 빠르게 사업수주에 연결하려면 어떻게 해야 하나?
- 사무소는 어디에 오픈하고 운영자금은 어떻게 마련해야 하나?
- 초기에 사무소를 무료로 이용할 방법은 없을까?
- 시장과 업종에 대한 환경변화와 통찰력을 지속해서 키우는 방법은 무엇일까?
- 타 전문자격사와 협업할 방법은 없을까?

이 모든 것이 고민거리이고, 이에 알맞은 답을 스스로 찾아야 합니다.

안전한 우물이라 생각했는데 그 우물이 제일 위험했다

한 직장에 충성하는 때도 있습니다. 그 자리가 영원할 것 같고 크게 밀릴 일도 없다고 생각해서입니다. 그러나 내 회사가 아니라면 언젠가는 몸담았던 조직을 나와야 합니다. 이렇게 안전한 우물이라 생각했던 장소가 순식간에 제일 위험한 곳이 됩니다.

내가 하는 일은 현재의 조직이나 회사를 떠나면 대부분 필요 없는 일들이라는 것을, 회사를 나오고 나서야 비로소 알게 됩니다. 회사에 있을 때는 중요한 서류작업이고, 특수한 관리업무이기 때문에 특이성이 있었습니다. 그런데 정작 다른 회사에서는 필요하지도 않은 업무들인 경우가 대부분입니다. 이를 잘 인지하고, 특히 나이 마흔을 넘어갈수록 마음과 몸이 따뜻한 우물 안에서 녹아내리지 않도록 경각심을 가져야 합니다.

M&A 시장에서 바라본 미래환경과 경영 컨설팅 환경

흔히 M&A라고 하면 대기업 간의 인수합병을 떠올립니다. 그런데 중소·소기업은 합병이 없을까요? 약소기업은 계속 약소기업으로만 남아 있을까요? 한번 생각해볼 문제입니다. 만약 중소·소기업, 소상공인들의 기업들도 이런 환경에 노출된다면 경영 컨설팅 크기는 지속해서 커질 것입니다.

"중소·소기업이 살아야 경제가 산다."라는 말을 한 번 정도는 다 들어보았을 것입니다. 대한민국의 중소·소기업은 어느 정도 규모일까요? 중소·중견기업은 우리나라 기업의 99퍼센트 이상을 차지하고, 고용의 83

퍼센트 이상을 책임지고 있다고 합니다.

만약 인수합병에 관심이 있다면 '한국M&A거래소'라는 곳이 있으니 관심을 가지고 들여다봐도 좋을 것입니다.

경영지도사를 획득한 이전과 이후의 삶

경영지도사를 딴 후로, 저는 직장을 다니는 자세, 업무를 바라보는 관점, 사업을 운영하는 수많은 소상공인을 보는 관점이 완전히 달라졌습니다. 약간 거창하게 이야기한다면 삶을 대하는 태도가 바뀌었다고도 말할 수 있겠습니다.

직장생활만 바라볼 때는 '이 보고서에 폰트를 뭘 쓰지?', '이 보고서에 PPT 서식은 어떻게 만들어야 하지?' 하는 고민을 제일 많이 했습니다. 반면, 경영지도사 업을 시작한 뒤부터는 '이 가게에서 일하는 사람은 무엇을 필요로 하지?', '내가 여기 사장이라면 무엇을 원할까?' 하고 사물을 바라보는 관점에 변화가 생겼습니다.

또, 그전에는 간편함과 약간의 안일함, 익숙함에서 오는 나태함을 즐겼다면 지금은 이슈를 찾는 혹은 내가 성장하기 위해 늘 날이 선 느낌으로 일상이 변했습니다.

경영지도사를 꿈꾸는 후배 기수에게

(직장의 울타리를 나오기 힘든 분들에게)

퇴직은 누구에게나 다가옵니다. 미리 준비하고 나오느냐, 아무 준비 없이 나오느냐의 차이가 있을 뿐입니다. 평생직장이 있을까요? 일부 강성노조가 있는 제조현장을 빼고는 없다고 봐야 합니다. 결국은 그만둬야 할지, 계속 다녀야 할지를 고민하고 결단하는 시기가 옵니다. 그동안 직장인의 삶을 살아왔기에 결정은 힘들고 시간은 흘러갑니다. 전문자격사라는 직종의 삶을 살지 않았기 때문입니다.

직장이라는 공간을 벗어나더라도 안정적인 삶을 유지하기 위해서는 직업인의 삶을 개척해야 합니다. 직장인보다 더 큰 경제적 이득을 얻고자 한다면 직업인 중에서도 전문자격사의 길을 걸어야 합니다. 오늘날 직장인의 유통기한은 50대도 아닌 40대입니다. 그러나 삶을 살아가기 위한 소득은 50세 이후에도 지속적으로 필요합니다. 직장생활을 열심히 한다고 회사가 나를 직업인으로 만들어주지 않습니다. 결국, 내가 선택하고, 내가 결정하고, 내가 실행에 옮겨서 스스로 준비해야 합니다.

직장의 의미는 누구에게나 다르지만 변하지 않는 사실은 있습니다.

바로 '정신없이 회사 일만 하면서 살면 안 된다.'입니다.

회사를 나오는 순간 당신이 잘한다고, 잘해왔다고 생각했던 강점은 다른 회사에서는 그다지 쓸모가 없을 수 있습니다. 당연히 채용하겠다는 회사도 없다는 사실을 알면 충격에 휩싸입니다.

"자본주의 사회에서는 돈이 권력이고 힘이다."
"지식융합 사회에서는 지식과 현장과의 결합이 힘이다."

흔히들 이런 이야기를 합니다. "직장에서 더러운 꼴 당하더라도 끝까지 버틸래.", "보상금만 두둑이 주면 다음에 나갈래." 사람마다 상황은 다르겠지만 준비된 사람은 다른 길을 찾는 데 두려움을 느끼지 않습니다. 직장 밖에도 분명 길은 있다는 것을 알기 때문입니다. 갈수록 지식과 현장업무의 연결성이 중요시되고 있습니다. 내가 지식을 보유하고 있다는 것을 제일 손쉽게 알려주는 방법은 자격증입니다. 자격증 기반하에 지식과 현장경험을 결합하면 능히 다른 길을 찾을 수 있습니다.

"직장인의 생활은 영원하지 않지만 든든한 자격증과 지식은 영원하다."

회사에서 월급이 꼬박꼬박 나올 때 교육에 투자하는 걸 권합니다. 정기적인 수입이 없을 때 공부하는 것은 심리적으로 위축될 수 있고, 복지가 좋은 회사라면 학비도 지원되기 때문입니다.

누가 이 책을 보면 좋을까?
(경영지도사에 궁금한 사람, 경영지도사에 합격하고 나서 그다음 어떻게 해야 할지 알고 싶은 경영지도사)

경영지도사를 합격하고 나서 그다음 어떻게 해야 하나를 고민하는 사람들이 보면 좋겠다는 생각으로 이 글을 썼습니다. 정작 경영지도사를 따고 나서 1년 미만의 경영지도사라면, 정말 나에게 필요한 것은 최신정보도, 여기저기 세미나에 참석하는 것도 아닙니다. 6개월 안에 정말 필요한 것은 바로 나의 네트워크 형성하기입니다. 그 네트워크 안에서 나와 같은 고민을 하는 사람을 만나고, 나의 부족한 점을 메꾸어줄 수 있는 멘토 같은 사람, 내가 도움을 주면서 서로의 발전을 꾀할 수 있는 사람을 만나게 됩니다. 미래의 사업파트너와 동료도 만나게 됩니다. 이런 계획을 세우지 못하면, 파트너나 동료를 찾는 일 없이 혼자서 뭔가 해보려고 아등바등하다가 시간만 1, 2년 부질없이 흘려보냅니다. 그러는 동안 자연스럽게 네트워크를 형성할 수 있는 골든 타임은 지나가고 맙니다. 불현듯 혼자 힘으로 안 되겠다는 생각이 들어 앞뒤를 둘러보지만, 남아 있는 사람은 거의 없고 다시 혼자서 헤쳐 나가야 합니다. 이 책은 이런 사람들을 위한 컨설팅 책으로도 볼 수 있습니다. 많이 부족한 글이지만 경영지도사 혹은 기타 국가자격증을 획득한 초기 지도사들이 어떤 마음을 가지고, 어떻게 협업하고, 컨설팅 실전에 어떻게 다가가는지 그 모습을 진솔하게 담고 싶었습니다.

컨설팅(consulting)의 사전적 의미를 음미해보면, '어떤 분야의 전문가가 고객을 상대로 상세하게 상담하고 도와주는 것'이라고 합니다. 이런 의미에서 적용하면 미용실, 뷰티숍에서 일하는 사람들, 결혼식장에서 고객을 상담하고 계약을 끌어내는 사람들도 모두 컨설턴트이고, 고객을 상대로 컨설팅을 하는 것입니다. 요즘은 복덕방이라는 단어를 사용하지 않습니다. 부동산중개사무소 혹은 부동산 컨설팅이란 단어를 사용할 만큼 컨설팅 전성시대에 살고 있습니다. 그만큼 컨설팅에 대한 수요는 갈수록 증폭하고 있습니다. 그럼 사람들은 왜 컨설팅을 받을까요? 문제의 원인을 모르거나, 원인을 알고 있어도 해결할 수 없거나, 대안에 대한 확신이 없기 때문입니다.

이제 다시 시작입니다. 젊은 시절, 회사에서 하나라도 더 배우려고 노력했던 열정을 경영지도사로서의 새로운 시작에 다시 불붙여야 합니다. 일신우일신(日新又日新)이라는 말처럼, 날로 새롭고 또 날로 새로워지는 모습을 스스로가 만들어야 합니다.

10대에는 내가 원하기만 하면 무엇이든 될 수 있다고 생각하던 적이 있었습니다. 20대에는 달성 못 하는 꿈도 있다는 걸 깨달았지만, 넘어져도 금방 일어설 수 있는 용기와 체력이 있었습니다. 30대에는 노력하면 회사에서 나를 알아줄 것이라고 생각했습니다. 40대에 회사에서의 한계를 알게 되었고, 젊은 날의 꿈을 그리워하면서 인생의 후반전을 준비해야겠다는 생각이 들었습니다. 그리고 50대인 지금, 다시 시작하는 나이로 출발합니다. 60대는 저도 아직 경험하지 못했지만, 50대에 경영지도사로서 다져놓은 기반을 발판으로 50대 때보다도 더 왕성한 활동을 하는 지도사 선배님도 여럿 만났습니다. 저 역시도 앞으로 어떤 저만의 이야기를 써 내려갈지 기대됩니다.

변하지 않는 가치

시대가 변해도 절대 변하지 않는 가치가 있습니다. 어떤 거대한 변화의 파도 속에서도 나의 사업을 굳건히 만들고 경쟁력을 올리기 위해서는 결국 인력, 자본, 시스템 등의 인프라가 필요합니다. 이것 중 그냥 얻어지는 것은 하나도 없습니다.

컨설팅으로 표현할 수 있는 우리 인생의 스펙트럼은 상당히 넓습니다. 그저 그런 컨설팅보고서가 아니라 정성이 들어갔다고 느껴지는 컨설팅보고서를 만들고 싶습니다. 회사를 다니면서 쌓은 엄청난 지혜, 지식, 경험을 쌓은 사람들이 단지 나이가 들어 퇴직하거나 낙오했다는 이유로 그냥 할 일 없이 시간 가는 대로 사는 것은 큰 낭비라고 생각합니다. 가진 역량과 자산을 재활용할 수 있다면, 그것이 제일 좋은 인생 후반전일 겁니다. 전문자격증을 준비한다는 것 자체가 인생의 목표를 만들 수도 있고, 인생의 전환점을 가져올 수 있습니다. 성취감, 만족감은 누가 만들어 주는 게 아니라 스스로 만들어가는 것입니다.

혼자 무대에 있어도 무대가 꽉 차 보이는 배우가 있습니다. 경영지도사에 관심이 있거나 경영지도사에 합격하고 나서 어떻게 해야 할지 모르는 분을 위해 썼지만, 저 역시 무대에 서면 무대가 무척 넓어 보이는 신입 경영지도사입니다. 저 혼자 무대에 서도 무대가 빈 곳이 없어 보이는 멋진 경영지도사가 되고 싶습니다. 완성체까지는 시간이 걸리겠지만, 어제보다 나은 모습으로 하나씩 만들어가는 경영지도사가 되고 싶습니다. 매일 변하려고 노력하는 모습이야말로 저에게는 변하지 않는 가치라고 생각합니다.

합격 수기

"물은 물길이 난 대로 흘러간다."는 말이 있습니다.

뜻있는 분들이 새로운 물길을 틀 수 있는 시간을 갖길

응원하는 마음으로 경영지도사 3명의 수험수기를 담았습니다.

시험을 준비하는 분들에게 도움이 되길 바랍니다.

경영지도사의 합격 수기 (마케팅 분야 직장인 수험생 김용수)

마케팅관리론 124 시장조사론 131 소비자행동론 149 평균 67.33

1. 들어가며

시험준비를 하면서 합격자의 공부방법이 궁금하기도 했지만, 시험장 분위기는 어떤지, 실제 시험장에서 유의해야 할 것들이 무엇인지 궁금했습니다. 하지만 알려주는 사람이 없었습니다. 저와 같은 궁금증을 갖은 사람에게 도움이 될 것입니다.

2. 일자별 공부 진도표와 모의고사

1) 일자별 공부 진도표 작성

나태해지고 여러 가지 핑계를 대면서 책을 보지 못하는 날이 계속 생겼습니다. 고민 끝에 일자별 진도표를 만들었습니다. 이렇게 표를 만들고 그날그날 책을 본 날, 지킨 날을 적다 보니, 해당 일자가 공란으로 되어 있으면 일종의 죄책감과 불안함이 생겨서 다음날에는 좀 더 집중력 있게 공부하게 되었습니다.

2) 실전 모의고사 연습

실전 모의고사는 두 가지 방법으로 연습했습니다. 우선 기출문제를 서술형으로 쓰는 연습하는 방법과, 교재를 읽다가 문제가 나오겠다고 촉이 왔던 부분을 문제화하여 스스로 서술을 연습했습니다. 여기서 포인트는 직접 써보는 것입니다. 이렇게 실제 종이에 써보면 눈으로 보고 입으로 웅얼거렸던 부분이 필기에서 어디서 막히는지 바로 나오는데, 그 부분을 집중적으로 외웠습니다. 논술시험이란 게 잘 쓰다가도 중간에 막혀버리면 그다음 문장이나 단어가 떠오르지 않기 때문입니다.

3. 시험장에 들어가서

1) 점심은 평상시 먹던 음식을 소량으로 준비

1, 2교시가 끝나고 점심시간이 있습니다. 점심식사는 평소에 먹던 식단 위주로 하되, 양은 평상시 먹던 양보다 적게 했습니다. 평상시 먹지 않던 음식을 시험 날 긴장한 상태에서 갑자기 먹으면 탈이 날 수도 있습니다. 반대로 아예 식사를 거르는 분도 있었는데, 3교시 시험 볼 때 뒤에서 꼬르륵 소리가 간헐적으로 계속 들려서 신경이 쓰였던 기억이 납니다. 주변 사람들을 위해서라도 소량이라도 먹는 것을 추천합니다.

2) 시계냐, 타이머냐? 그것이 문제로다

누구는 손목시계로, 누구는 수험장의 벽시계로, 누구는 타이머를 가지고 와서 시험을 봅니다. 타이머를 책상에 올려놓고 시간관리하는 것에 대해서는 감독관도 제재를 가하지 않습니다.

3) 문제지를 안 걷어간다?

국가자격 시험이기 때문에 문제지를 답안지와 같이 걷어가는 것으로 생각했습니다. 그런데 웬걸? 답안지를 걷어가더니 문제지는 갖고 가도 된다는 겁니다. 일부러 시험지를 깨끗이 하려고 한 것은 아니었지만, 의식적으로 지저분한 필기나 논평 등을 최소화했는데 그럴 필요가 없었습니다. 맘껏 쓰고 끄적거리기 바랍니다.

4. 2차 논술시험을 대비하며

1) 해당 챕터별 키워드는 꼭 암기하자

교재 전체를 외울 수만 있다면 좋겠지만, 실제로 그 두꺼운 수험서를 전부 달달 외우기는 힘이 듭니다. 하지만 카테고리별 핵심단어는 꼭 암기해야 합니다. 그래야 시험장에서 외웠던 부분이 갑자기 막히는 현상을 최대한 줄일 수 있습니다.

2) 글로 쓰는 연습을 꾸준히 한다

손이 굳었다고 평상시 쓰는 연습을 못하겠다던 수험생이 있었습니다. 이분은 나중에 논술시험장에서 한 번만 고생하면 된다는 생각으로 쓰는 연습 대신 교재를 5회 독하는 것으로 대신했지요. 그런데 막상 시험장에서 20분 정도 쓰다가 손에 쥐가 나서 더 쓰지 못했고, 그 때문에 머릿속에 암기한 답변은 답안지 위의 글로 이어지지 못했습니다.

3) 기출문제는 몇 년도 분량을 푸는 게 좋을까?

이 부분에 대한 정답은 없습니다. 3개년 문제를 보면 과락점수를 면할

40점은 충분히 채워진다고 봅니다. 그리고 기출문제를 풀다 보면 출제 경향에 대해 감이 생길 때가 있습니다. 저의 경우 ATL, BTL 마케팅을 틀리고 나서, 다음에 다시 문제가 나온다면 복합마케팅, 옴니버스마케팅이 나올 수 있겠다고 느낀 적이 있습니다. 실제 옴니버스마케팅은 2021년 문제로 출제되었습니다.

4) 나에게 맞는 펜 2종류 선택하기

시험을 보러 가기 전에 나에게 맞는 펜을 꼭 선택하기 바랍니다. 저는 문방구에 있는 펜을 다 써본 다음에 그립감이 맞는 최종 두 종류의 펜으로 결정했습니다. 펜을 두 종류로 준비한 이유는 그날 몸 상태에 따라 a 펜보다 b 펜이 더 나에게 맞는 상황이 생길 수 있기 때문입니다. 시험 중간에 "아, 그 펜도 가지고 올걸!" 하는 탄식을 안 하려면 두 종류는 준비해서 오는 게 마음이 편합니다.

또, 그립감이 맞는 펜을 사용하면 글씨체도 예쁘게 나옵니다. 필체는 채점자에게 바로 시각적으로 보이는 부분이기에 신경 쓰는 편이 좋습니다.

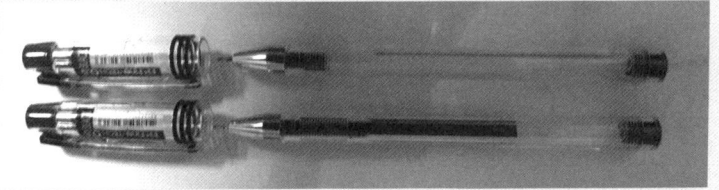

지참한 볼펜 4자루 중 한 자루를 거의 소진할 정도로 답안지를 채우고 나옴

5. 논술형 답안지 쓰기

1) 문제를 답안지에 적는 방법

보통은 문제지에 있는 문제를 답안지에 옮겨적고, 그 밑에 답을 서술합니다. 저는 시간이 아까워 문제 그대로가 아닌 핵심 키워드를 넣은 짧은 문장으로 넣었습니다. 나중에 시험점수가 공개된 것을 보니 전체문장을 거의 그대로 옮겨적지 않아도 문제가 원하는 답이 충실히 들어 있다면 감점요인은 없다는 것을 확인했습니다.

2) 답안지에 쓸 내용이 없는 경우

논술과 서술 시험은 일단은 써야 한다는 것을 명심해야 합니다. 그래야 부분점수 1, 2점이라도 확보할 수 있습니다. 점수가 나올 때 그 1, 2점을 확보 못 한 것이 엄청 아쉽습니다. 100퍼센트 확신하는 답변들은 전체 문제의 50~70퍼센트 정도입니다. 무슨 글자라도 쓰여 있어야 점수가 나온다는 것을 잊지 마시기 바랍니다.

3) 이것만은 꼭 실천하자

시험공부를 하는 사람의 특징이나 공부방법은 다양할 것입니다. 시험 일정 준비, 시험에 잘 나오는 교재의 선정, 나만의 학습방법, 챕터별 중요내용 정리, 부진사항 보충 등 자격증 취득을 위해 할 일의 순서를 미리 정해보는 것이 필요합니다. 일 단위로 계획은 세우지 못해도 분기 단위, 월 단위로 해야 할 분량에 대해 꼭 미리 계획을 세우고 책을 펴기를 바랍니다.

경영지도사 같은 논술형 국가자격증은 절대 운으로 합격하는 시험이 아닙니다. 합격수기를 보면 간혹 '6개월 만에 합격했어!'라는 글들이 있는데, 이런 수험수기는 오히려 독이 됩니다. 요행을 바라고 공짜를 바라게 되니 현혹되지 말라고 말하고 싶습니다.

시험답안지를 쓰다가 잠시 답이 떠오르지 않아서 멈칫할 때가 있습니다. 갑자기 머리가 빈 것처럼 입에서 맴돌 뿐 단어나 키워드가 떠오르지 않습니다. 이럴 때가 제일 답답한 순간입니다. 이 순간을 마주치지 않기 위해서라도 최소한 다음과 같은 것만이라도 실천하시기 바랍니다.

- 하루에 한 장이라도 꾸준히 봐라.
- 챕터별 키워드는 무조건 암기해야 한다. 키워드가 있어야 문장이 만들어진다.
- 펜을 들고 직접 써라. 그래야 필기 손근육이 평상시 만들어진다.
- 문제를 순서대로 풀 필요는 없다. 2번 답안이 떠오르지 않으면 답안지에 여유공간을 확보하고 3번 문제로 넘어가라. 이때 주의사항은 여유공간을 10점짜리는 1페이지, 20점짜리는 2페이지는 남겨두어야 답안지가 빽빽하게 쓰이는 것을 방지할 수 있다.
- 문제를 읽고 키워드가 생각나면 시험지에 써놓아라. 나는 10개가 생각나면 그 키워드 10개를 다 적었다.

마지막으로 "그 자격증 따서 어디에 쓸 건데? 쓸데없어!"라는 주변 사람의 말은 무시하기 바랍니다. 대부분은 경영지도사에 대해 정확히 모르거나 자격증 자체가 없는 사람들입니다. 없는 사람이 있는 척하고, 모르는 사람이 마치 다 알고 있는 것처럼 이야기합니다. 취득하고 나서 평가

해도 늦지 않습니다. 취득하고 선배들의 발자취를 따라가다 보면 잘 땄다는 생각이 들 것입니다.

경영지도사 합격 수기 (인적자원관리 분야 생동차 전업 수험생 신경민)

인사관리 126 조직행동론 164 노사관계론 138 평균 71.33

1. 1차 시험공부

1) 개요

경영지도사 시험은 경영 관련 경력이 있다면 1차 시험을 양성과정 등으로 대체할 수 있습니다. 그러나 저는 이제 막 사회생활을 시작하는 초년생으로서 관련 경력이 전무했기 때문에 경영지도사 1차 시험에 응시해야 했습니다. 그러므로 하기의 내용은 1차 시험 응시자만 확인하시면 됩니다.

저는 노무사 1차 시험응시 경험이 있으니, 노무사 1차 시험과 비교해 전반적인 감상을 적어보겠습니다.

- 노무사 1차는 문제은행식이나, 경영지도사 1차는 문제은행식이 아님
- 노무사 1차는 과목별·주제별로 출제가 집중되는 경향이 있지만, 경영지도사 1차는 과목별로 어딜 버리고 어딜 취해야 할지 판단하기가 용이하지 않음
- 경영지도사 1차가 더 지엽적으로 출제되는 경향이 있음
- 경영지도사 1차 과목인 '기업진단론'은 경영학과 회계학을 조금만 공부하면 자연스레 성적이 따라오는 과목임
- '조사방법론' 역시 문제 자체의 난도는 높지 않음

2) 과목별 설명
- 중소기업 관련 법령

  '중소기업법령'은 단원별로 모든 주제가 시험에 골고루 나온다는 특징이 있습니다. 객관식은 문제풀이 위주로 공부하는 게 효율적이라지만, 예외적으로 중소기업법령은 워낙 법 개정도 많고 지엽적인 것도 물어보기 때문에 문제집보다 기본서를 여러 번 보는 걸 추천합니다. 특히 기출문제만으로는 안정적인 점수를 확보하기 어려울 수 있습니다.

- 경영학

  경영학 역시 전 범위에서 고루 나온다는 특징이 있습니다. 다만 노무사 1차와는 다르게 경영지도사 1차는 '회계'와 '기업진단론'이란 과목을 별도로 시험을 치르고, '회계', '재무관리' 부분은 경영학 문제에서 빠집니다. 기출 5개년 문제 유형을 여러 번 반복하는 것을 추천합니다.

- 회계학개론

  '재무회계'와 '원가관리회계' 중 재무회계에서 상당수 출제됩니다. 또 그중 상당수가 '기본개념'에서 출제됩니다. 이 부분을 놓치지 마세요. 특히 개념의 맞고 틀림을 묻는 '말 문제'들은 기출문제 은행처럼 빈출되는 문장이 있습니다. 기출을 통해 반복해 눈에 익히는 걸 추천합니다.

- 기업진단론

  '기업진단일반론', '질적경영분석', '재무제표의 이해', '재무분석', '비용구조분석'으로 나뉩니다. 이 중 어느 부분에서 문제가 집중되는지는 매년 다릅니다. 저는 문제는 기출 5개년 분량을 풀었고, 개념이 아리송한 경우 인터넷에 검색해 문제지에 가필하는 방식으로 공부했습니다. 참고로, '기업진단일반론'은 대다수 수험생이 전략 과목으로 삼는 과목일 만큼 난도가 쉬운 편입니다. 경영학과 회계학의 기초부분을 섞어놓은 듯한 과목이기 때문입니다.

따라서 경영학과 회계학을 먼저 하고 기업진단으로 넘어가도록 공부 순서를 짜는 게 효율적입니다.

• 조사방법론

어떤 상황에서 어떤 조사방법을 사용해야 하는지, 어떤 분석을 해야 하고, 어떤 검증을 해야 하는지를 비교해보는 식의 공부를 추천합니다. 상황설명을 제시한 후 그에 맞는 방법론을 찾으라고 하거나, 맞는 설명을 고르라는 식의 문제가 많기 때문입니다.

2. 2차 시험 답안작성

1) 분량 및 목차 작성

30점 문제에 3장 반 이상, 10점 문제에 1장 반 이상 썼습니다. 실제 시험에서 각 과목당 13장 이상씩 썼습니다. 목차는 소목차까지 구체적으로 달았고, 줄 띄는 건 대목차, 중목차까지만 했습니다. 들여쓰기는 따로 안 했습니다. 글이 길어지면 줄글보다는 1. 2. 3. 번호를 부여해가며 개괄식으로 눈에 띄게 했습니다. 분량은 시험에 임하는 수험생의 성의라고 생각하기에 종 치기 직전까지 펜을 안 놓으려고 했습니다.

2) 시간배분

문제 받자마자 5~7분을 들여 전체적인 목차를 작성했습니다. 그래야 나중에 시간에 쫓겨도 미리 작성해놓은 목차를 다시 보며 마음을 다잡고 답안을 작성할 수 있기 때문입니다.

30점 문제는 25분, 10점 문제는 7분 만에 쓴다고 시간을 정해두고 문제를 풀었습니다. 그런데도 시간이 촉박했던 기억이 납니다. 시험장에서는 시간배분이 핵심 관건입니다.

3) 모르는 문제가 나올 경우

굳이 모든 문항을 순서대로 답할 필요 없습니다. 모르는 문제는 맨 나중에 시간이 남으면 쓰세요. 다만 빈칸으로 남겨두지는 마세요.

저의 경우, 합격한 해 조직행동론 시험에서 10점 약술로 나온 '휴리스틱'의 개념을 전혀 몰랐습니다. 그렇지만 아예 백지로 두지는 않고 의사결정의 개념, 의사결정모형의 예시 등을 적었더니 2점이라는 부분점수를 받을 수 있었습니다. 이 시험은 소수점 차이로도 떨어지는 시험입니다. 아는 건 최대한 쓰고 부분점수라도 받으시길 권합니다.

어디서 들었는데, 서술형 시험에서 점수를 안 줄 수는 있어도 깎지는 않는다고 합니다. 답을 아예 몰라서 틀리는 건 어쩔 수 없지만, 긴가민가한 내용은 시간이 허락하는 한 최대한 기술하는 것이 부분점수를 받을 여지라도 있습니다.

4) 노사관계론 판례의 현출 정도

저는 노무사 공부를 병행하고 있기는 하지만, 경영지도사 시험을 앞두고 경영과목에 집중했기 때문에 판례 현출도는 굉장히 낮은 편이었습니다. 이를테면 제가 시험 보는 해에는 '겸업금지약정' 등이 문제로 나왔습니다. 관련 조문, 조문의 취지, 문제가 될 만한 상황, 판례의 뉘앙스 정도만 전달되게끔 적었는데 점수가 30점 만점에 20점가량 나왔습니다.

3. 2차 시험공부 방법

1) 활용 교재

영상(인터넷 강의)에 집중을 못 하는 체질이라 시중 교재로 독학했습니다. 영상과 잘 맞지 않는 수험생은 도서로만 공부하는 것도 괜찮은 선택입니다. 다만 저는 과목당 한 권씩만 봤다가는 내가 모르는 곳에서 문제가 나올까 봐 여러 권의 책을 참고했습니다.

제가 참고한 책은 제 블로그(https://m.blog.naver.com/kcplasm)에 정리해 두었습니다.

교재는 전공서(교수저), 강사수험서를 병행해서 보는 게 좋다고 생각합니다. 요약서는 굳이 추천하지 않습니다. 왜냐면 요약서에 손을 대면 나중에 요약서만 보게 됩니다. 요약서는 시험지에 현출할 분량이 충분하지 않기 때문에, 시험장에서 문제가 조금만 꼬여서 출제되어도 답안작성이 어려워집니다.

2) '노사관계론' 과목의 노동법 병행 정도

2018년부터 노사관계론에서 개별법, 판례 중심 문제의 비중이 높아지는 추세라고 합니다. 따라서 경영지도사를 따려면 노무사 노동법 교재, 강의를 참고하라고 하는데요, 노무사용 노동법까지 공부하면 양이 너무 많아집니다. 난도도 훨씬 어렵고요. 저는 노무사 공부와 병행하느라 노동법을 같이 하고는 있지만, 경영지도사만 준비한다면 노무사 노동법 '무료' 조문 특강으로 뼈대를 잡고 난 뒤, 노사관계론 과목에 접근하는 것을 추천합니다. 대형 노무사 학원 대부분이 무료 조문 특강을 제공합니다.

3. 기타 질의응답

노무사 준비생이나 합격생들이 경영지도사 인적자원관리를 많이 준비하는지에 대한 질문이 많았습니다. 정확히 답변드리기 어렵지만, 경영지도사가 40~50대 자격증이라는 인식과는 다르게, 막상 시험장에 가서 보면 제 또래인 20~30대가 20퍼센트 이상은 되어 보였습니다. 또, 고사장에서 그 수험생들이 노무사 시험에 대해 이야기하는 걸 들었던 기억이 있습니다. 노무사와 경영지도사 인적자원관리의 경우 수험생 풀이 일정 부분 겹치는 것은 맞다고 봅니다.

경영지도사의 합격 수기 (인적자원관리 분야 직장인 수험생 이승준)

1. 들어가며

저의 공부 기간은 3년 8개월이었으며, 직장생활과 방송통신대 경영학과 (19학번) 및 경영대학원(21학번)을 병행하며 이룬 성과라, 개인적으로 매우 큰 의미가 있는 경험이었습니다. 그 당시만 해도 경영학이라는 분야는 원래 제 경력에 없었으나, 개인 사정상 직장을 옮기고 경력이 단절되면서 새로운 분야에서 40대를 시작해야 한다는 위기의식이 들었습니다. 이 위기의식이 늦게나마 경영학을 배워야겠다는 결론을 내리게 했던 것 같습니다.

'2019년 1차(합격) ~2차 시험(불합격), 2020년 2차 시험(불합격), 2021년 양성과정(합격) 및 2차 시험(최종 합격)'이라는 개인적 수험과정에 대해 설명하겠습니다.

2. 경영지도사 자격시험 도전에 대한 마음가짐

직장은 생존은 할 수는 있으나 성장은 할 수 없는 무서운 구조의 모습으로 나타날 때가 있습니다. 이러한 구조는 극단적으로 안정적 직장을 사직하는 경우로 나타나기도 하지만, 주어진 상황에서 내재적 욕구를 충족할 수 있는 대안적 길을 모색하는 양태로 나타나기도 합니다. 직무에 만족감이 없던 저에게는 생존과 성장으로 가는 유일한 길이라고 생각되어 이 길로 접어들었습니다.

직장인 수험생활이란 참으로 고단한 생활의 연속입니다. 하지만 고단한 가운데 남들보다 두 배는 열심히 살고 있다는 위안은 늘 있었습니다. 경영지도사를 준비하면서 주변에 같은 처지에 있는 분들을 자연스럽게 만날 수 있었습니다. 대부분 직장인이었으며, 노무사나 다른 전문직을 준비하는 20대, 30대도 있었습니다. 다른 자격증과 달리 수험이라고 불리는 성격의 자격시험은 기본적인 공부량이 확보되어야 합니다. 그런 만큼 수험전략과 마음가짐이 중요합니다.

3. 1차 시험준비 (2018년 1월~2019년 4월)

1) 수험전략

2018년부터 경영지도사 수험정보를 수집하고 회계학 등을 중심으로 1차 시험 선행학습을 했습니다. A 학원 1차 시험 설명회를 참석하여 기초적인 정보를 수집했고, 1차 시험 과목별 기본교재를 구매했습니다. 학습순서는 '회계학', '경영학', '기업진단론', '조사방법론', '중소기업 관련 법령', '영어' 순으로 자신이 없는 과목부터 시작했습니다. 1년 정도의 기간을 두고 학습했기 때문에 2019년 4월 1차 시험에 응시하는 데 큰 무리는 없었고, 좋은 점수는 아니었지만 합격의 결과를 달성했습니다.

2) 영어

'영어'는 2021년 시험까지는 실제 필기시험으로 응시했기 때문에 문법과 독해 기본실력만 있다면 평균점수를 올려주는 전략 과목으로 보탬이 됩니다. 다만, 2022년 시험부터는 TOEIC을 포함한 인증시험 자료 제출로 대체가 되기에, 조기에 인증점수를 확보해두는 것이 필요하겠습니다.

3) 회계학

'회계학'은 아마도 경영지도사 1차 시험의 진입장벽으로 작용하고 1차 시험 당락을 좌우하는 중요한 과목입니다. 아무리 기초적인 문제가 나오더라도 기본적인 회계원리와 공식에 대한 이해가 없으면 풀기 어려우므로 잘 준비해야 합니다. 저의 경우, 최초 재무관리 분야를 염두에 두고 시작했기 때문에 회계사 재무회계 원리 기본강의를 수강하면서 접근했는데, 실제 시험문제 수준은 9급 공무원 회계학 시험의 기초문제 수준으로 출제가 되는 것 같습니다. 들어가는 비용이 크기 때문에 과락을 면하는 전략을 권합니다.

4) 경영학

'경영학'은 공무원 시험이나 회계사, 노무사 1차 시험과목으로 시중 교재가 많이 있습니다. 하지만 경영지도사 기출문제 수준을 분석해보면 기본적인 문제를 물어보는 형태가 대부분이기 때문에, 주요 경영학 강사의 기초문제 1,000문제 교재를 구매한 뒤 출제 분야를 표시해두고 반복적으로 보았습니다. 쉬운 문제를 틀리지 않도록 마지막까지 1회 독을 하면서 기초문제에 대한 감각을 유지했던 것이 주요했던 것 같습니다.

5) 기업진단론

'기업진단론'은 방송대 학부 교재와 시중에 판매하는 경영지도사 1차 요약서를 기본교재로 삼았고, 기출문제를 분석하고 자주 나오는 경영진단 지표들을 서브 노트로 만들어 시험장에서도 직전까지 보는 등 쉬운 문제를 틀리지 않도록 주의를 기울였습니다.

6) 중소기업 관련 법령

'중소기업 관련 법령'은 1차 시험 중 범위가 가장 넓고 공부량이 가장 부담스러운 과목입니다. 저는 A 학원 교재를 구매해서, 법령을 전체적으로 읽어가면서 기출문제가 출제된 부분을 빨간펜이나 파란 펜으로 오답 정리를 했습니다. 그리고 반복적으로 피드백하여 재기출되거나 출제빈도가 높은 부분을 시험 전날까지 눈여겨봤습니다. 이렇듯 반복학습으로 오답을 발견할 수 있는 감각을 키운 것이 도움이 되었습니다.

7) 조사방법론

'조사방법론' 교재는 A에서 별도로 제작한 교재를 구매해서 학습했고 과락을 면하는 수준을 목표로 했습니다. 경영통계, 마케팅 조사, 사회조사방법론, 빅데이터 분석 등이 관련 학문인데, 기출문제 위주로 반드시 맞혀야 하는 스타일의 쉬운 문제는 암기해서 득점하고 이해가 어렵거나 해설이 어려운 문제는 아예 제외했습니다. 이렇게 기초득점을 얻어가는 전략으로 학습하시길 권합니다.

4. 2차 시험

1) 수험전략 : 전문 분야 선택

경영지도사 전문 분야의 선택이 2차 시험에서 매우 중요합니다. 합격을 위해서도, 합격 이후의 경력에서도 선택 분야에 따라 당락의 운이나, 차기 진로에 큰 영향을 미칩니다. 선택에 영향을 주는 구성요소로는 본인의 꿈과 비전, 현재 직장에서의 업무, 전공, 적성, 보유 자격증 등 여러 가지가 있습니다. 여기서 한 가지 생각해볼 점은 경영지도사가 전문분야로 구분되지만 반대로 경영지도사로 묶이는 특성이 있으므로, 개인적으로는 본인이 가장 빠르게 합격할 수 있는 분야로 지원하는 것이 최선책이라고 생각합니다. 제가 선택한 인적자원관리 분야는 인문사회과학 분야라 초기 접근은 쉽게 느껴질 수 있지만, 수험범위가 방대하여 공부 분량은 다른 분야보다 뒤지지 않는다고 생각합니다. 다만 황소걸음으로 꾸준히 학습을 이어간다면 반드시 합격할 수 있는 분야라고 생각합니다.

2) 2차 동차 불합격 (2019년 5월~2019년 12월)

다른 전문자격사와 마찬가지로 경영지도사 또한 1차 시험 합격자에 대해 다음 회 1차 시험을 면제해주는 제도를 채택하고 있습니다. 이는 수험생에게 수험전략 수립 시 유의미한 계획을 세울 수 있는 여지를 줍니다. 당연히 1년 만에 합격하면 최선이지만, 1차 시험과 2차 시험의 간격이 3~4개월밖에 되지 않는 점을 생각하면 직장인이 1년 만에 합격하기란 실로 어려운 일입니다. 저의 경우는 직장생활을 고려하여 애당초 2년을 목표로 시작했습니다. 2019년 1차 시험을 아슬아슬하게 합격하고 2차 시험을 이어서 준비했습니다. 합격할 것이라는 생각은 없었으나 그래도 최선을 다하겠다고 생각하고 A 학원 교재를 구매해 독학으로 공부했습니다. 시험까지 3개월 정도밖에 되지 않아 주말에 학원을 다니는 것보다 그냥 교재라도 한 번씩 읽어보고 시험에 응시하자는 각오로 1~2회 독한 후 응시했습니다. 결과는 당연히 불합격이었습니다. 그래도 2차 시험과목에 대한 출제방향 및 실제 시험을 본 경험은 이후의 수험생활에 큰 거름이 되었다고 생각합니다.

2019년 첫 2차 시험에서 논술시험의 특성, 문제별 시간배분, 점심식사,

서브노트 지참, 알맞은 펜의 선택 등 시험장에서의 준비물과 적합한 행동 등을 몸소 체험하여 다음번 시험에서 대비할 점들을 수험표에 메모했습니다. 논술시험이 육체적으로 얼마나 고된 일인지, 과목별 6문제와 배점을 고려해서 어떻게 시간배분을 해야 하는지, 시험장에서 점심식사는 무엇이 좋은지, 쉬는 시간에 무엇을 해야 하는지, 나에게 맞는 펜은 무엇인지 등 경험을 통해 얻은 점들이 많은 시험이었습니다. 합격자 발표날에 점수를 확인한 결과, 평균 40점대 초반이었습니다.

3) 코로나19, 유예 도전의 실패 (2020년 1월~2020년 12월)
유예 시기의 수험생활은 그야말로 마지막 기회이기 때문에 절박했습니다. 2차 시험 첫 실패 후, 2차 시험 과목별로 전반적으로 다시 계획을 짜고 전략을 수립했습니다. 과목별 교재도 참고할 수 있도록 대부분 저명한 교수님들의 책들로 구매했으며, 학원이나 수험서에 대한 정보수집도 철저히 했습니다.
가장 중요한 것은 기출문제의 분석과 단권화 메인교재의 선택이었습니다. 기출문제는 노무사와 경영지도사 기출문제를 모두 망라하여 엑셀 파일로 만들었고, 학습 간 수시로 점검하며 학습의 주안점들을 피봇팅하는 데 참고했습니다. 단권화 메인교재는 학원 선택과 나란히 했습니다. 학원등록 여부가 합격의 당락을 결정한다고 생각하지는 않지만, 기본적인 학습 울타리를 만들어주고 안정적으로 수험생활을 끌고 갈 수 있는 장점이 있다고 생각했기 때문에 비용과 관계없이 학원에 다니기로 했습니다. 경영지도사로 특화된 학원도 있었고 인적자원관리 분야의 특성상 노무사 전문학원에서의 강의 수강도 괜찮은 방법이라고 생각했습니다. 저는 향후의 확장성도 고려해서 노무사 학원에 등록했습니다. 다만, 수험범위를 불필요하게 확장하는 것은 위험한 일입니다. 그래서 기출문제의 분석이 중요하다고 할 수 있습니다.

학원강의와 꾸준한 학습으로 작년보다 훨씬 학습량이 늘었고 이해도와 암기력도 향상된 것은 분명한 사실이었고 합격에 대한 자신감도 있었습니다. 어느덧 12월은 훌쩍 다가왔고 결국 시험 직전에 직장 사정상 3일 휴가만 내고 시험에 응시했습니다. 3일 동안 그동안 학습했던 내용을 최소한 1회 반복은 하고 응시했어야 했는데 시간이 부족해서 전 과목 1회 독은 못 했습니다. 결과적으로 시험 직전에 1회 독했던 과목만 고득점이 나왔고 나머지 과목은 합격에 미달하는 점수가 나와 50점 후반대로 불합격의 고배를 마시게 되었습니다. 작년 시험 불합격의 원인이 공부량 부족이었다면, 이번 시험의 불합격은 시험 직전 최소 5일의 휴가를 내지 못했다는 것이 그 원인이었습니다. 직장은 조직생활이고 생계활동이기 때문에 수험생활보다 우선할 수는 없는 것이 현실이지만, 2년간의 노력이 휴가 2일을 추가로 내지 못해 수포가 된 것은 한없이 원망스러운 일이었습니다. 게다가 실습 위주의 학습이 아닌 강의 위주의 학습이 실전시험에서의 순발력과 문제해결 능력을 크게 향상시키지 못했다는 점도 실패의 원인이었습니다.

4) 세 번째 도전, 끝까지 포기하지 않는 자세의 중요성 (2021년 1월~2021년 8월)
유예 2차 시험에서 불합격통지를 받고 크게 실망했습니다. 당장 시험을 포기해야 할지, 계속해야 할지를 결정해야 했습니다. 1차 시험을 다시 응시해야 했기 때문에 처음부터 다시 시작한다는 것이 부담스러웠습니다. 방에 수북이 쌓인 수험자료와 수험서적, 전공서적들을 보면 마음이 무거워졌고, 직장생활에서의 불안정한 일정 등도 마찬가지여서 참담한 마음으로 연초를 보내야 했습니다.

다시 시작할 수 있는 용기를 주었던 것은 바로 1차 시험을 양성과정으로 응시할 수 있다는 것을 확인한 뒤였습니다. 저번에는 1차 시험을 1년 동안 준비하고 응시했는데, 이번에는 양성과정 대상이 된다는 것을 확인하고 그나마 올해는 동차로 합격을 노려볼 수 있겠다는 계획을 세울 수 있었습니다. 양성과정은 시험보다는 수월하다는 평도 있었고 실제로 과정을 밟아 보니, 시험보다는 부담이 덜 했습니다. 다행히 양성과정 수료 시험에 합격하여, 다시 2차를 볼 기회가 얻을 수 있었습니다. 연초를 실망감에 휩싸여 그냥 보낸 탓에 학습량은 부족했으나, 작년에 학습한 기본실력이 있어서 어느 정도 복습을 통해 정상궤도에 다시 오를 수 있었습니다.

다행히 세 번째 도전하는 시험에서는 시험 직전에 5일을 휴가를 낼 수 있었습니다. 천우신조라고 할 수 있었습니다. 불안정한 직장생활의 주기가 우연히 맞아떨어진 사례였습니다. 5일 동안 3과목을 다시 한 번씩 복습할 수 있었고, 시험응시 결과 60점대 초반으로 최종 합격했습니다. 이 모든 과정이 직장인으로서 생업을 지켜가면서 이룬 성과이기 때문에 더욱 값진 경험이었습니다.

5. 2차 시험 과목별 수험전략

1) 인적자원관리

'인적자원관리'는 가장 기본이 되는 과목이며 기존 기출문제 사안별 키워드 암기와 유연한 사례적용 능력이 합격에 중요한 지표가 됩니다. 저는 『HR 인사이트』라는 잡지를 구독하면서 이쪽 분야에 흥미와 관심을 계속 유지하려 했고, 학원 기본서를 단권화하여 출제 예상 포인트를 표시해 회독하고, 핵심 키워드 암기장을 만들어서 시험장까지 가져가 쉬는 시간에도 보는 등 노력을 기울였습니다. 시험 당일 첫 과목이라 시험 전날 1문제라도 풀어보면서 글 쓰는 감각을 익혔습니다. 시험에 빠르게 적응해서 글을 쓸 수 있도록 감각을 유지하는 것이 중요합니다.

2) 노사관계론

'노사관계론'이 사실상 인적자원관리 분야의 진입장벽으로 작용하기도 하고, 수험생 관점에서는 가장 부담이 되는 터라 합격 당락에 가장 큰 영향을 미치는 과목입니다. 노동법과 학문으로서의 노사관계론이 수험범위이며, 노동법이 70퍼센트의 비중을 차지할 정도로 최근 출제경향이 높아졌습니다. 따라서 노동법에 대한 학습여부가 합격의 당락을 결정할 수 있음을 유의해야 합니다. 노동법은 변호사나 노무사 시험처럼 사례형으로 출제되지는 않습니다. 하지만 중요 쟁점 또는 판례의 기본법이나 조문의 주요 내용을 물어보는 형태로 출제되기 때문에, 노동법에 대한 전반적인 학습이 필요합니다. 노사관계론 부분은 기출문제 쟁점을 위주로, 인적자원관리의 부분으로 병행학습하면 충분합니다.

3) 조직행동론

'조직행동론'은 조직 구성원으로서의 행동을 연구하는 분야로, 조직목표에 부합하게 구성원을 관리하는 것이 목적입니다. 개인 차원, 집단 차원, 조직 차원으로 조직행동에 대한 주요 쟁점들이 수험범위가 됩니다. 거시조직론인 조직구조, 조직설계 부분은 수험범위에서 벗어나지만, 일부 교수님들의 조직행동론 교과서에 조직 차원의 쟁점으로 반영되어 있어서 기출문제만은 학습해야 할 것입니다. 조직행동론은 현실 조직 생활에서 흔히 볼 수 있는 현상을 학문적 관점을 제시하여 설명하는 방법입니다. 문제를 해결하면 되지만 교과서에 나오는 키워드를 중심으로 서술해야 점수를 받을 수 있고, 개인의 견해가 주가 되면 답변 분량을 채웠어도 점수가 나오지 않으니 주의해야 합니다.

4) 수험생활

경영지도사 시험은 1년에 한 번 있는 전문자격시험으로 수험개념이 적용되는 시험입니다. 시작부터 마음가짐이 중요하고 1년 안에 모든 것을 끝내야겠다는 조급함보다는 내가 경영전문가로 성장하겠다는 중장기적 관점을 갖고 꾸준히 준비하는 자세가 안정적으로 수험생활을 이끌어가는 힘이 될 것입니다. 수험생활 중 매너리즘에 빠지지 않도록 변화를 주는 것이 필요하며, 그러한 변화는 학원이나 스터디, 해당 분야의 세미나 참여, 유튜브 시청 등 다양하게 동기를 부여할 수 있도록 개인적으로 노력하는 것이 필요합니다. 특히 직장인은 연간 업무일정과 가정생활, 개인사 등 전반적으로 점검하고 학습할 수 있는 환경과 마음가짐을 유지하는 것이 중요합니다.

세부적인 시험 방법론 차원에서 강조하고 싶은 점은 실제 써보는 것과 문제를 풀어보는 연습이 중요하다는 점입니다. 저의 경우 세 번의 시험을 거쳐 연습이 된 상황이었고 3년에 걸친 학습과 강의 수강, 공부 등으로 암기가 되어있었기 때문에 큰 도움이 되었습니다. 그리고 이 말은 2차 논술시험의 특성을 잘 대비해야 한다는 뜻이기도 합니다. 둘째로 키워드 암기장을 제작하여 중요 쟁점별 키워드를 암기하고, 시험장까지 가져가 쉬는 시간에 한 번쯤 볼 수 있도록 준비해야 합니다. 시험장에서 쉬는 시간이나 점심시간 단 10분, 15분 동안이라도 키워드 암기장을 보면 큰 효과를 볼 수 있습니다.

6. 합격 이후

합격하면 중소기업벤처부 장관 명의의 경영지도사 자격증이 발급되고 실무수습이 시작되는데, 이 과정 중 좋은 인맥이 형성됩니다. 지도사로서 기본적인 소양교육을 받고 나면 경영전문가로서의 첫발을 내딛게 됩니다. 현 직장에서는 자격증으로 인사상 가산점을 받을 수 있고 동료나 직장상사에게 능력을 어필할 수 있어 조직생활에 강점이 됩니다. 한편, 실제 경영지도사로 활동하고자 하는 분들은 전문가로서 컨설팅 시장에 진입하여 제2의 인생을 시작할 수 있고, 전문 분야에 대한 확장으로 다른 분야의 자격증이나 석박사 학위를 취득하는 과정도 생각해볼 수 있습니다.

저의 경우 합격해서 가장 좋은 점은 여러 전문가를 자연스럽게 만날 수 있고 교학상장(敎學相長)할 기회와 정보교류 등 다양한 성장기회가 생겼다는 점입니다. 이를 발판으로 삼아 향후 경력에 큰 도움이 될 것 같습니다.

저의 합격수기가 경영지도사 시험준비를 하는 분들의 시행착오를 줄이고 동기부여에 도움이 된다면 좋겠습니다. 진인사대천명(盡人事待天命)의 교훈을 얻어가는 과정이 되기를 바랍니다.